价值驱动未来

[美]马特·福特诺
（Matt Fortnow）

[美]夸里森·特里
（QuHarrison Terry）

\ 著

张雅琪 \ 译

The NFT Handbook
How to Create, Sell and Buy
Non-Fungible Tokens

中信出版集团 | 北京

图书在版编目（CIP）数据

NFT：价值驱动未来 /（美）马特·福特诺，（美）
夸里森·特里著；张雅琪译 . -- 北京：中信出版社，
2023.4

书名原文：The NFT Handbook: How to Create,
Sell and Buy Non-Fungible Tokens

ISBN 978-7-5217-5195-6

Ⅰ.①N… Ⅱ.①马… ②夸… ③张… Ⅲ.①区块链
技术－普及读物 Ⅳ.① F713.361.3-49

中国国家版本馆 CIP 数据核字（2023）第 032783 号

本书仅限中国大陆地区发行销售

NFT：价值驱动未来

著者： ［美］马特·福特诺
 ［美］夸里森·特里
译者： 张雅琪
出版发行：中信出版集团股份有限公司
 （北京市朝阳区东三环北路 27 号嘉铭中心 邮编 100020）
承印者： 北京诚信伟业印刷有限公司

开本：787mm×1092mm 1/16 印张：20.5 字数：175 千字
版次：2023 年 4 月第 1 版 印次：2023 年 4 月第 1 次印刷
京权图字：01-2022-7014 书号：ISBN 978-7-5217-5195-6
定价：85.00 元

版权所有·侵权必究
如有印刷、装订问题，本公司负责调换。
服务热线：400-600-8099
投稿邮箱：author@citicpub.com

谨以此书纪念乔治·考德雷（George Cowdrey）、乔·沙里（Joe Shary）、约翰·亨德森（John Henderson）和罗伯特·华盛顿（Robert Washington）

NFT，元宇宙的基因

2021 年开始，非同质化代币（Non-Fungible Token，简写为 NFT）热潮迅速蔓延全球。与此同时，元宇宙、Web 3.0、DeFi（开放式金融）、Token（代币）、DAO（分布式自治组织）等新术语也逐渐成为网红词汇和商业时尚。新冠肺炎疫情以来，人们对新兴事物和未来趋势的好奇与躁动更进一步。来自科技、生命、文化和社会领域的预言者和布道者汹涌而来，不断搅动我们对常识的认知，也形成了对逻辑的颠覆。

元宇宙的概念火起来了。但每一个领域的专家都有不同的立场和主张，除了充满想象力的未来，短期内无法形成共识。与之相反，NFT 则更为现实，迅速形成了可以看得见、摸得着，乃至产生巨大价值的应用场景，立即吸引了大批投资者和潜在受益者的进入，形成了一个独立的交易市场和产业。在对金融交易控制较严格的中国，艺术创新和收藏行业率先接受了 NFT 的核心观念，其他行业也跃跃欲试。

《NFT：价值驱动未来》的出版恰逢其时，这样的好主题、好作者和好译者，在各种概念炒作中脱颖而出。NFT 是一种数字资产，源于艺术家创造，加持于投资者利益驱动，将赋能在未来几乎所有可以价值化和资产化的东西上，包括观念和实物。涉及NFT 创新的所有观念和意义在成熟的技术与资本市场上都是常识性的。这是一本普及 NFT 的技术书，介绍 NFT 的来龙去脉、市场交易方式、买卖双方的决策要点。一本在手，一目了然。

反观中国的 NFT 市场，产品则更为丰富和复杂。2022 年 4 月13 日，中国互联网金融协会、中国银行业协会、中国证券业协会共同发布《关于防范 NFT 相关金融风险的倡议》（以下简称《倡议》），为国内 NFT 市场的发展划定行为底线。《倡议》肯定了NFT 对数字经济、文创产业发展的潜在价值，但也存在非法金融活动的风险隐患。《倡议》在果断地切断 NFT 与金融职能的联系的同时，进行了 NFT 非金融职能的创新，而且形成了独特的生态圈和驱动力。

第一，NFT 迅速融入元宇宙的大故事。中国的元宇宙观念远远超越英文"metaverse"的内涵，除了虚拟场景与硬件设备，所有行业都在加入各自的技术应用愿景和主导观念。条条道路通元宇宙，因而，元宇宙也为相关行业的未来做了加持。

第二，NFT 成为数字经济的标识。交易本是人类社会生存和发展的原动力，在数字经济社会中，所有数字资产都可以，而且始终处于交易中。NFT 可以为任何现实和观念中的标的定价，相较于建立在标准化基础上的标的或者本身必须标准化的数字货币，

NFT 具有更广泛的应用前景。

第三，NFT 进入文明创新的主流。艺术创造是任何制度和任何社会都鼓励和支持的价值观。艺术创造包括图像、声音、雕塑、装置、气味等所有感官享受，也包括小说、戏剧等人们头脑中的观念产品，这些都可以成为 NFT，而几千年的人类物质文明与观念遗产更是 NFT 无穷无尽的市场资源。

第四，NFT 再现区块链的技术本质。可追溯产权、不可篡改和分布式认证等区块链的属性都在 NFT 的应用中具体体现，这也是 NFT 产品可以迅速进入主流视野的重要技术支撑。

元宇宙、数字经济、文化创新和区块链在当下都已经成为社会发展大趋势，得到国家明确而积极的推动。2022 年起，许多地方政府都制定了区域发展规划，将这些观念和举措作为招商引资的重要信号。从更广泛、更深层的意义上看，NFT 的大规模应用就是顺理成章的必然了。

人类是自我认知和认知外部环境的产物，也伴随认知的深入而成长。历史的认知就是记忆和情感，未来的认知就是观念和期待。NFT 可以是历史和未来的数字载体，自然也是现实的数字体现。更有意义的是，历史、现实和未来尽管不在一个维度上，却可以在 NFT 平台上实现跨维度交易。以笔者的看法，NFT 正是元宇宙的基因，NFT 的不同组合便是不同的元宇宙。市场供给无限的 NFT，也就产生无限的元宇宙。

自然，NFT 是交易标的，有利益空间，也伴随着投资和欺诈。如同所有交易标的一样，交易有周期，价值有波动。即便最终消失了，也是完成了一个交易过程。电报和传真被互联网取代了，不代表曾经的价值也没有意义。即便是郁金香泡沫和庞氏骗局，在人类大历史中，也是具有教益的事件。因此，对待 NFT 的发展，如同对待曾经的火车、电灯和互联网一样，在发展过程中应该有激情投入的创业者，也应该有宽容睿智的监管者，更应该有普及常识的启蒙者。

感谢中信出版集团和推动观念启蒙的朋友们。

王巍

金融博物馆理事长

2009 年前后，中本聪发明比特币，引发了全世界对区块链技术的探索。之后，沿着区块链的发展足迹，以太坊诞生，各类去中心化的应用继续发展。2021 年前后，NFT 市场的火热，给艺术领域和创作者领域带来了极其新鲜的元素，各大主流品牌纷纷进军 NFT 市场，很多商家希望通过 NFT 与用户建立更深层次的连接，创建新的社区交互方式。再到 2022 年，生成式人工智能（AIGC）突然又引发了人们的关注。人工智能可以让人们用描述性的文字来生成各类极具美感的图像，科技的进步一直在赋能艺术。

有意思的是，在数字时代人们选择收藏 NFT 之前，历史学家早就发现，人类在史前时代就已经有了收藏的习惯。从精美的石头、贝壳，到古代文人墨客珍爱的字画珠宝、古玩瓷器，再到现代的邮票和潮流玩具……人们对收藏的爱好，似乎早就刻在了基因里。时光流逝，社会逐步发展，从互联网诞生到今天，我们早已习惯在线上的各种虚拟世界中遨游，无论是线上游戏、社交，还是办公，数字化已经融入我们每个人的生活中。NFT 作为一种全新的数字时代收藏品，也是一种全新的数字资产标记方式。

那么，NFT 为什么如此重要？21 世纪以来诞生了两个非常有意义的要素，一个是"coding"（代码），另一个是"content"（内容）。代码和编程应用的发明提高了生产效率，新兴的信息分发模式和社交网络促进了内容的传播。内容的出现又支撑起了强大的科技叙事，令更多现代社会的经济活动和软件工具共同发展。可以说，代码本身就是计算机的内容，而内容，特别是人类用于交流的语言，本身又是人类社会的代码。NFT 的出现，从根本上改变了数字资产的标记方式，因为过去我们无法将数字艺术品的复制者（如仅从网上下载照片到自己的电脑里）与真正所有者区分开来。

NFT 的出现，是否可以提供一种全新的内容呈现方式？甚至给创作者带来全新的激励方式？我们发现，通过 NFT 和智能合约，无论是音乐创作者、艺术品创作者，还是开源社区贡献者，很多内容贡献者都可以根据自己的贡献获得相应的报酬。而在 2023 年，所有人都可以尝试通过人工智能技术，训练自己对人工智能模型的提示语，成为可以自由进行创作的数字艺术家。

NFT 的意义究竟在哪里？为什么值得人们去探究？《NFT：价值驱动未来》从多个角度揭开了 NFT 的神秘面纱。

这本书的第 1 章和第 2 章从 NFT 的起源讲起，作者对人类为什么会喜欢收藏的问题进行了探究，并且从技术上解释了 NFT 的含义和分类。值得注意的是，NFT 并不仅仅包括我们现在所能看到的"数字藏品"这一类别，还包括视频、书籍与文章、音乐、数字地产、游戏虚拟装备、域名等。特别地，在第 3 章和第 4 章，作者讲解了收藏品、纪念品，再到数字艺术品的发展历史，强调了 NFT 之所以会存在价值的原因。从第 5 章到第 8 章，作者从自身丰富的从业经验出发，讲解了目前市面上主要的 NFT 平台，以及铸造、购买、销售 NFT 的具体步骤。在第 9 章，作者讲解了 NFT 与法律之间的关系。在第 10 章，作者对整个 NFT 市场进行了判断和展望。

在翻译过程中，我努力兼顾可读性和专业性的平衡，并且尽量忠实于原文，也请教了大量的行业专家，他们给了我很多建议，也希望读者批评指正。

最后，感谢中信出版社和许志编辑，感谢我的爸爸妈妈和我的姐姐王米妮对我的支持，感谢我家夏先生。

感谢金融博物馆理事长王巍老师，微软技术社区技术总监彭爱华老师，感谢俞毓逦律师在知识产权和英美法方面给予的帮助，感谢慢雾科技创始人余弦与黑手册群里的朋友们，感谢众享比特创始人严挺，感谢卫剑钒博士，感谢肖恩（Shawn Chang），感谢北美区块链基金会主席覃文延，感谢我的好朋友美丽的熙熙公主。

感谢我的老师保罗（Paul Y. S. Cheung）、迈克尔·伊恩·沙莫斯（Michael Ian Shamos）、艾米·舒恩（Amy Shuen）、阿里（Ali Farhoomand），感谢技术生活进化论社区里多年来一直支持我的各位专家和朋友。

感谢中本聪和所有在新技术路途上坚持探索的人。

张雅琪（阿法兔）

　　伟大的艺术家毕生专注于创作。音乐家会用数月时间寻找完美的和声与歌词，建筑师会仔细斟酌平面图的每一寸细节，而画家则会认真推敲每个落笔之处。

　　然而，成功的艺术家除了完成作品创作，还必须清楚如何将作品以较好的方式变现，还要保护作品的版权，维护作品未来的价值。

　　这就是艺术中介机构存在的原因。像音乐家、播客创作者、画家、作家、演员、导演和作曲家这样的创作者，通常都需要通过中介机构向外界展示和分享作品。诸如艺术画廊、音乐厂牌，还有音乐会推手这样的机构，会向艺术家承诺协助作品变现，条件是利润分成，有时甚至会要求作品的版权归中介机构所有。

　　尽管不是所有中介都是无良机构，但近年来确实存在部分中间商和客户的交易显失公道，甚至还上了新闻头条。知名歌手泰勒·斯威夫特（Taylor Swift）曾公开表示在十几岁时签署过不公平的霸王条款，以及自己的音乐作品曾在不知情或者未经本人同意的情况下被多次出售。像普林斯（Prince）① 和迈克尔·杰克逊（Michael Jackson）这样的知名音乐人，也曾经和唱片公司发生过冲突。

近年来，Spotify（声田）这样的音乐平台的出现，确实给业界带来了一定的去中介化的希望。然而，随着平台的发展，艺术家的收益并没有什么提高，还可能越来越少。正因如此，创意社区长期以来一直在探索新的方法，想要重新获得珍贵的创意型资产的控制权及所有权。

通过NFT，创作者可以绕过中介。了解如何应用NFT技术，可以使创作者掌握作品的命运，成为真正的主人翁。乍一看，NFT似乎被各种加密货币的术语所包围，看起来极其复杂，会吓跑不懂计算机技术的人。但理解NFT其实并没有那么难，我们可以简单理解为，NFT是艺术家将代码嵌入作品中的一种方式。这样创作者在分享自己作品的时候，就不需要担心被盗版了。它还可以确保粉丝能直接向艺术家支付报酬。这就使得创作者的知识产权能够归自己所有，并提高了透明度。同时，还可以追踪那些分配支付给创作者的版税和销售费用。

NFT最有价值的地方还在于可以支持某个社区参与构建并支持集体所信仰的东西。2000年，我第一次去纽约看最喜欢的U2乐队演唱会，倘若演唱会当晚出售NFT，我一定会买下并一辈子

---

① 指普林斯·罗杰斯·内尔森（Prince Rogers Nelson），美国流行歌手、词曲作家、音乐家、演员。——译者注

持有。

可以畅想一下，如果可以成为 U2 的前 100 名资深歌迷，或者在明星大红大紫前，还在地下室演出时，就能买到下一个大卫·鲍伊（David Bowie）的音乐 NFT。这样一来，早期支持者可以得到回报，艺术家会得到报酬，而社区则会变得更加强大。

显然，NFT 不仅会持续存在，更会从根本上变革创意和内容产业。因此，进入 NFT 市场并不属于不入流的想法，而应该是所有想要参与创意经济的先驱者的核心战略。

作为一名律师，我的职业生涯一直致力于了解如何以合规的方式将资产证券化和货币化，对于了解 NFT 的人来说，NFT 代表了一个巨大的机会。

投身于 NFT 浪潮的最佳时机是 2020 年，其次就是现在。很高兴可以看到夸里森·特里和马特·福特诺出版这本 NFT 科普书，这本书可以为数百万创意领域的从业者打开 NFT 的无限可能。《NFT：价值驱动未来》为创作者描绘了可以控制自己命运的真正途径。这本书很可能成为一本革命性的圣经，有远见的人可以通过它看到未来，探索想象变为现实的方法。这本书作者夸里森·特里就是这样的远见者。他于 2014 年开始参与数字艺术品的线上销售，并亲睹了这些知识所带来的变革。早在 1996 年，企业家马特·福特诺创立了互联网公司，一直处于互联网革命的前沿，十分了解各类前沿技术，这两位作者的丰富经验和对 NFT 的信念就不用再过多描述了，没有人比他们更有资格写这本书了。

作为 Republic 的首席执行官和联合创始人，我们始终致力于揭开金融世界的神秘面纱，赋予人们投资于未来的能力。我们早已习惯了创新带来的批评，当我们早期刚开始将传统的投资原则应用于加密货币时，一些旁观者认为我们疯了。现在看似很疯狂的事情，在未来会看起来很正常（我们希望可以在行业看起来疯狂和不受欢迎的时候下注）。NFT 也是如此，我殷切地期待这本书和 NFT 背后的技术给我们带来的未来，这不是一种假设，而是一种必然。

肯德里克·阮（Kendrick Nguyen）

Republic 公司首席执行官、联合创始人

目录

第1章

NFT入门

从多个角度来说，谷歌都是搜索引擎领域的后起之秀。成立于1998年的谷歌，其实是第24个登上搜索引擎历史舞台的玩家，当初位于第24位的谷歌公司，现在又处于什么样的业内地位呢？

谷歌的创始人拉里·佩奇（Larry Page）和谢尔盖·布林（Sergey Brin），从创业之初就专注于打造与众不同的搜索引擎，致力于创建别具一格的产品，变现只是后来水到渠成的想法。搜索引擎的作用，主要是把用户与查询、答案连接，其关键在于理解用户的意图。用户到底想要查询什么？最理想的状态是，搜索引擎可以在查询结果的第一条就命中，否则，就会让用户花费很多工夫来进行查询。

谷歌创造了名为网页排序（PageRank，也称佩奇排名）算法的革新理念，网页排序算法是通过链接受欢迎程度来确定网页的排序，某个网页域名链接到一个网页的次数越多，在谷歌搜索结果中的排名就会越靠前，因为链接次数证明了其他用户对网页的认可，而其他搜索引擎是通过分析网页内容关键词密度来对网页排序的，这就让谷歌搜索脱颖而出。

靠着这种卓越的网页内容排序理论，谷歌比当时其他所有搜索引擎都好用，这也引起了计算机行业先驱的注意。谷歌公司正式成立前，就拿到了来自安迪·贝克托斯海姆（Andy Bechtolsheim）首笔价值 10 万美元的投资。贝克托斯海姆是计算科学界的传奇人物，也是 Sun 公司①的联合创始人。1998 年，谷歌又得到了来自三位天使投资人的资金，他们分别是亚马逊创始人杰夫·贝佐斯（Jeff Bezos）、斯坦福大学计算机科学教授大卫·切瑞顿（David Cheriton）和企业家拉姆·斯里兰姆（Ram Shriram）。

当时的谷歌创始人佩奇和布林只是斯坦福大学的两个聪明年轻人，他们在努力尝试解决互联网存在的问题，想创建一个能够理解用户搜索意图的伟大产品，这个产品也确实成为世界级的实用工具，足以吸引科技巨头的注意。不过，直到两年后，他们才将关键词广告（AdWords）②纳入其搜索引擎，并通过流量变现。

比较一下早期的互联网和早期的非同质化代币（Non-Fungible Token，简写为 NFT），存在很多相似之处。除了投机，绝大多数

---

① 指太阳计算机系统公司（Sun Microsystems），创建于 1982 年，现已被甲骨文公司收购。——译者注
② 谷歌推出的线上广告，一般出现在谷歌搜索结果列表的顶部、底部或旁边。——译者注

NFT 看起来没有什么特别的用处，正像当年 Ask Jeeves[①] 和雅虎搜索只是随大溜布局搜索引擎一样，不存在什么差异化。由于目前正处于 NFT 发展的早期阶段，尽管现在 NFT 并没有明确的实际应用方向，但也会获得很高的关注度。然而，随着时间的推移，大家将会逐渐把目光聚焦到具有实用性的 NFT 上，也就是那些可以进行数字资产确权、解决真正问题、为用户创造独特价值的 NFT。实用的 NFT 可以解决特定问题，或为用户创造一些独特的价值，而那些缺乏具体应用场景的项目将错失未来真正可以赚钱的机会。

以无聊猿游艇俱乐部（Bored Ape Yacht Club，简写为 BAYC）为例，项目创始团队发行了 10 000 个无聊猿 NFT，作为网络上虚拟游艇俱乐部的会员卡。无聊猿 NFT 的所有者，可以进入一个数字洗手间，拿一支"笔"，每 15 分钟就可以在虚拟的墙上画画、写字或涂鸦。这听起来没什么新奇的，却创造了一种独特的体验——开辟了只供无聊猿主人访问的专有数字空间。的确，无聊猿 NFT 的本质是收藏品，但是，人们之所以对无聊猿项目感到兴奋，是因为它提供的访问权和实用性。

特殊访问权是当前 NFT 最重要的应用场景。换句话说，拥有一个 NFT，用户可以通向哪里？未来我们一定会看到 NFT 的应用范围远超于此。特别是当下 NFT 领域的参与者，有着不同的背景，将各种想法凝聚在一起，彼此合作，一同创造奇妙的体验，这令人感到非常兴奋。

---

① 美国的一家人工操作目录索引搜索引擎公司。——译者注

是时候勇于探索，携手共进了，我们不能再闭门造车。本书就是合作而来的成果——两位作者在各自领域探索 NFT，一次不经意的聊天内容，居然丰富发展为完整的一本书。

夸里森·特里正投身于 WorldStarHipHop Chain NFT 的销售，致力于为流行文化主题的 NFT 创造流动性。马特·福特诺出品了"三个臭皮匠"系列（The Three Stooges）NFT，并在思考标志性的知识产权如何以 NFT 的形式存在。

时光倒流回最早的互联网 1.0 时代。1995 年，马特·福特诺还在纽约市从事娱乐法工作，当时卡内基梅隆大学（CMU）的几位校友邀请他共同创立了一家名为 Commissioner.com 的互联网公司，这是首家提供网上虚拟体育服务的公司。1999 年，哥伦比亚广播公司体育频道（CBS SportsLine）收购了 Commissioner.com。

马特一直在探索新技术的商业用途，他在 2015 年深入参与了区块链行业，2016 年投身 VR/AR（虚拟现实/增强现实）行业，2020 年加入 NFT 行业。实际上，正是通过 VR/AR 行业，他认识了夸里森·特里。

夸里森回忆道：

有一天我接到一个朋友的电话，让我一定要和马特谈谈。当时正值 2021 年 3 月，还处于 NFT 早期热火朝天的阶段。因此，我也习惯了天天和很多人讨论关于 NFT 的各种想法。而我们的这次交谈，一直持续了好几个小时，非常投机。我们探讨了 NFT 的销售和流动性，还分析了知识产权和收入流代币化的可能性，在彼此交流分享过程中非常开心，聊天结束的时候，我们就想，"干脆就此写本关于 NFT 的书吧"。这就是一个市场负责人和一个律师背景的企业家准备一同写一本 NFT 主题的书的故事，也是本书的渊源。表面看，这次关于 NFT 的交流只是一次偶然，但这个领域的魅力就在于此，在任何新技术爆发的前夜，都是不同背景的人合作的最佳时机。

也许你觉得此时入局 NFT 为时已晚，但在大的发展周期中，目前恰好是行业的开端，因为我们还没有完全见证 NFT 技术的所有应用场景和案例。一个参考数据是，2021 年 8 月，最大的 NFT 交易平台 OpenSea 的活跃用户仅有约 13 万，而全球互联网用户已经超过 40 亿，我们离真正波澜壮阔的 NFT 时代还差很远很远。

如果谷歌创始人佩奇和布林在 1998 年就觉得自己进入互联网领域为时已晚，那么今天大家就用不上谷歌这样高效和直观的搜索引擎了。谷歌创始人研究了当时周围各种新兴互联网技术，并对如何优化技术有一套自己的理论，这种思路同样也适用于 NFT 领域。

本书提供的信息，将成为你的 NFT 之旅的起点，我们将引领你深入 NFT 的历史，探索发行和收藏 NFT 的基本知识，并教会你如何销售 NFT，等等。目前很多人在谈论 NFT，分享想法、策略和思路。这本书可以作为出发点，去探索 NFT 领域你所感兴趣的一切。

你可以带着从本书中学到的知识，与 NFT 生态系统中的人们建立联系。在推特（Twitter）、Clubhouse①、Discord②、Insta-gram③ 和其他互联网热门应用上有很多 NFT 社区，存在很多和你一样的人，大家希望彼此联系，共同学习。在 NFT 生命周期的当前阶段，沟通、尝试和协作是非常有价值的。在未来 NFT 的经典应用中，我们无法预见当下的这些 NFT 项目是更像搜索引擎中的Infoseek（最早的搜索引擎之一，今天已经不存在了）还是谷歌（入局搜索引擎较晚，但创造了卓越的产品，至今仍然非常强大）。

我们还创建了网站 TheNFThandbook.com，提供各种资源和链接。由于 NFT 领域始终在向前发展，网站将会持续更新信息。

当我们深入研究这个领域时，第一个问题很可能会是："到底什么是 NFT？"

---

① 一款即时性音频社交软件。——译者注
② 一款游戏聊天与社区应用。——译者注
③ 脸书旗下的一款在线图片及视频分享社交软件。——译者注

第2章

什么是NFT

NFT 的基本形态，是由区块链技术支持的，具有独特性的数字藏品。因此，探索 NFT，需要我们了解收藏品的运行原理。下文讲述了一个关于豆豆娃（Beanie Babies）的故事，可以解释人们喜欢收藏的原因，以及背后的奇妙心理学。

人们为什么收藏

NFT 出现之前，人们总是以各种方式收藏各类物品，不仅有豆豆娃，还包括邮票、球鞋等。因此，收藏品以数字的方式存在于市场，也不足为奇。虽然从概念上听起来似乎有点绕，但纯粹出于想要拥有一件别人没有的稀有物品这一角度，数字藏品与实物收藏品本质并无差别。因此，为了理解人们为什么要收藏 NFT，这里就讲讲 1990 年前后，风靡全球的毛绒玩具收藏品——豆豆娃的故事。

自 1993 年起，毛绒玩具豆豆娃的创始人泰伊·华纳（Ty Warner）就把产品定位为具备稀缺性的玩具。豆豆娃玩具以很少的数量，分发给小型零售商，规避了连锁零售商的大批量订单模式。泰伊不希望消费者能够轻易买到想要的所有豆豆娃，公司也对市面流通的豆豆娃玩具数量进行保密，并且会叫停某些特定款式豆豆娃的生产，致其绝版，以创造更多孤品。公司还故意让错版玩具和有缺陷的豆豆娃流入市场，这样就造就了这种毛绒玩具的额外稀有品。

也正是在豆豆娃风靡的同一时期，定位为全球收藏品在线交易平台的亿贝（eBay）出现了，创造了一种业务协同关系。亿贝的出现，使得豆豆娃的二级市场价值进一步飙升，同时使亿贝成为各类收藏品市场用于投机的宝贵工具。

能买到原价 5 美元的绝版豆豆娃毛绒玩具的幸运玩家，通过在亿贝上挂牌销售，可以获得 2 ~ 3 倍的回报。一些罕见的错版玩具回报率更是高得惊人，如"Pinchers the Lobster"的错版是"Punchers the Lobster"，为某位玩家带来了超过 1 万美元的收益。

20 世纪 90 年代末，收藏豆豆娃的热潮进入高峰。对这种毛绒玩具的热衷甚至带来了系列抢劫、谋杀等刑事案件。例如，1999年，由于豆豆娃延迟发货带来了紧张局势，西弗吉尼亚州（West Virginia）霍尔马克（Hallmark）商店的一名保安被枪杀。

很多本应理性的成年人，为了买到一个玩具不顾一切，变得很疯狂。还有些离婚夫妇在分割夫妻共同财产时，居然会为谁可以得到豆豆娃的所有权而争吵，认为它是家里最有价值的资产。

1997 年，麦当劳加入了这场玩具热潮，与豆豆娃的母公司 Ty Inc. 发起联名活动，在麦当劳的"开心乐园餐"中推出了"小豆豆"产品系列，在短短 10 天内就售出了 1 亿个迷你毛绒玩具。鼎盛时期，《玛丽·贝思的豆豆世界》（*Mary Beth's Beanie World*）杂志每月可以售出 65 万份。这本杂志以整个版面刊登豆豆娃，讨论其作为投资品的价值策略。这本杂志曾声称如果策略正确，从豆豆娃中得到的收益多到足以送孩子上大学。

正当所有人都认为，豆豆娃也许会成为一种经久不衰的收藏品时，其价格突然在一夜间崩溃。关于豆豆娃估值过高的讨论，引发了很多玩家在亿贝上抛售自己的玩具，市场严重供过于求，结果导致豆豆娃价格暴跌。

一夜之间，人们所珍爱的毛绒玩具变得几乎一文不值。为了投资豆豆娃获取收益而亏得一塌糊涂的人比比皆是，像老克里斯·罗宾逊（Chris Robinson Sr.），当时花了 10 多万美元囤积豆豆娃，却成了这款毛绒玩具收藏品市场的严重亏损者。

英国《金融时报》（*Financial Times*）将豆豆娃的收藏热潮，形容为"20 世纪 90 年代后期，足球妈妈①世界里的互联网泡沫破灭"。这里的比拟，并不是说 NFT 会走上豆豆娃的老路，也不是

---

① 指 20 世纪 90 年代前后，居住在郊区，亲自开车带孩子参加户外运动的已婚美国中产阶级女性。——译者注

说收藏品泡沫一定会破灭。相反，豆豆娃的案例为我们提供了一个很好的视角去了解人们为什么会存在收藏行为。驱使人们收藏豆豆娃的基本原理，也同样会驱使人们收藏 NFT，这就是稀缺性。尽管存在投资、投机、情感联系、害怕错过（FOMO），还有狩猎的快感等因素，驱动人们进行收藏，但收藏的核心还是稀缺性。无论人们收藏什么，选择收藏的原因就是这些东西的数量有限。

NFT 市场会崩溃吗？永远没有永远，一切皆有可能。但 NFT 与豆豆娃的不同点在于，正如本书将在第 3 章所讨论的，NFT 为长期困扰艺术和收藏界的问题提供了现实解决方案。

到这里，我们已经讲清楚了人们收藏实物和数字藏品的原因，下面进一步深入本书的主题——NFT。

究竟什么是 NFT

NFT，通常被称为一种特定类型的数字藏品。典型例子包括：数字艺术家 Beeple[①] 的数字艺术品、美国国家橄榄球联盟（NFL）球星罗布·格隆考斯基（Rob Gronkowski）发行的数字藏品、《周六夜现场》的短视频藏品、20 世纪 60 年代知名电影《三个臭皮匠》的主角卷毛的经典照片式藏品，或者以太猫（CryptoKitties）等，但是，NFT 的实质到底是什么呢？

――――――――――

① Beeple 是美国数字艺术家迈克·温克尔曼（Mike Winkelmann）的昵称。——译者注

NFT 与加密货币的底层技术相同，是由区块链技术进行验证，保证其独特性的凭证。NFT 可以为各种特定的物品提供凭证，这种凭证可以验证特定物品的来源、所有权、唯一性、稀缺程度和持久性。下面，我们把"NFT"这个词详细分解来看一看。

代币

我们先从 NFT 的"T"（Token）这个词开始讲起，根据在线英语词典（Dictionary.com）的解释，Token 的其中一个含义是指"纪念品、纪念物"。NFT 通常会被称作数字藏品，有人会认为是来自字典中关于 Token 的解释，Token 的含义和"藏品"有关。尽管这种关于藏品的解释，从某种程度上是说得通的，但是，NFT 中的"Token"这个词，其实源于区块链技术。读到这里，也许你会担心："天哪，这块是不是要开始讲技术了？可我只想了解 NFT 是什么……"为了充分理解 NFT 的具体内涵，确实需要了解一点区块链的相关知识，不过我们这里的讲解不会太深奥。

或许你曾听说过比特币（BTC）和其他类别的加密货币，根据投资百科（Investopedia）的解释，加密货币是"一种用密码学原理来确保交易安全及控制交易单位创造的数字、虚拟货币"。这里，我们只需了解，加密货币是互联网原生的一种数字货币，人们可以出于投资目的买卖加密货币，用加密货币消费，甚至将加密货币进行质押①。

一旦有人使用加密货币进行交易（购买、出售、转移、质押加密货币），或是用加密货币购买商品，该笔交易就必须经过验证。交易验证会查验交易发起的一方是否有其所述的加密货币数量，该过程可以保证加密货币的安全和可靠。

当系统验证一笔加密货币交易时（这里以比特币为例），针对的是一组交易，而不是只针对一笔交易。这组加密货币交易（数据）被称作一个区块，每个区块都有一定的存储容量，在某个区块容量已满且交易被确认后，这个区块就会被链接到之前验证过的区块上，形成一个不断增长的链条，也就是区块链。这个过程不断重复，区块链也会变得越来越长（见图 2.1）。

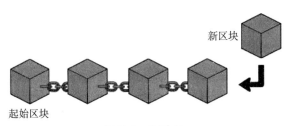

图 2.1　区块链

因此，某种加密货币的区块链，是这种加密货币全部交易（每一笔都记录其中）的列表集合，这个列表可以一直追溯到该加密货币的源头（第一笔交易）。

---

① 质押（Staking），指加密货币持有者，用加密货币参与交易和区块链网络验证。参与质押可以得到更多的加密货币回报。——译者注

每当有人买卖比特币，或者用比特币消费，或者交易、转移比特币时，都会被记录在比特币区块链上。根据 Statista 的数据，截至 2021 年 1 月，比特币的日交易量约为 40 万笔，而第二大加密货币以太币（ETH）的日交易处理量超过 110 万次，我们可以把区块链想象成一个长长的会计账本。

原生币与代币

谈到加密货币时，人们经常把"Coin"（原生币）和"Token"（代币）这两个词混用，但是这并不准确，因为这两个词有重要的区别，作为原生币的加密货币，如比特币、莱特币、狗狗币和以太币，有自己专有的区块链。

相较而言，代币（有时也译作通证），特指没有自己专有区块链的加密货币。除此之外，代币会利用有原生币的区块链进行发展。例如，GameCredits 的 GAME 币和 SushiToken 的 SUSH 币，以及其他成千上万的代币，都是建立在以太坊的基础上的，ERC20 是创建代币的以太坊标准，因此我们这里把依托以太坊的代币也称为 ERC20 代币。GameCredits 是个有趣的例子，它最初是一个拥有自己区块链的原生币，但为了利用以太坊提供的更全面的功能，而后 GameCredits 转为一个受以太坊支持的 ERC20 代币。因此，现在所有 GameCredits 交易（和所有其他 ERC20 代币交易）都记录在以太坊上，这也是现在以太坊每天需要处理大量交易的主要原因。

因此，NFT 中"Token"这个词，也指一种代币，具体地说，一个 NFT 依托于一条区块链。目前，大多数 NFT 是在以太坊上创建的，还有一些 NFT 是在 WAX 链、Binance 智能链和其他区块链上创建的。

非同质化

上文我们对代币进行了解释。现在来解释一下非同质化（Non-Fungible）的具体含义。先来看看同质化（Fungible）是什么意思。根据 Dictionary.com 的解释，"Fungible"是形容词，通常用来形容商品，是指具备这种性质的（商品）是可以替代的，可以进行自由交换的。举个例子，法定货币中的美元，是可替代且具备自由交换属性的，也就是说，如果我给你 1 张 5 美元的钞票，你换给我 5 张 1 美元的钞票，那么其交换价值是相等的。你给我哪张 1 美元钞票，并不重要。假设有一叠面额为 1 美元的钞票，你可以选择任何 5 张给我，这里强调的一个事实是，美元是具备替代和自由交换属性的。

同理，加密货币也具备可替代、可自由交换的属性，倘若发送一个比特币，接收方完全不会在乎这个比特币来自哪个钱包，也就是说，比特币和上文美元的例子是一样的。甚至包括一些货物或商品（正如前文 Dictionary.com 的解释），如桶装石油，也是可替代、可自由交换的，在交易过程中，具体买卖哪桶石油并不重要，因为任何一桶同级别的石油都一样。

根据前文我们对"非同质化"的定义，非同质化的物品无法进行自由交换，也无法被同品类物品所替代。例如，钻石的特质就是非同质化、不可替代的，原因在于，每颗钻石的大小、颜色、净度、切割都是独一无二的。如果你买了一颗特定钻石，它很难与另一颗钻石进行互换。

同样，NFT 也是非同质化的，每个 NFT 都是独一无二的。我们不能自由地用一个 NFT 来交换或替代另一个 NFT。

那么，是什么赋予每个 NFT 独一无二的属性？毕竟，大家很轻易就可以从互联网下载、复制、分享图片呀？话虽如此，但我们也可以拍摄一张照片（或者原创一个图像），将该图像铸造（Mint）[1] 成存在于区块链上的代币，这里使用"铸造"这个术语，就如同铸造真实的硬币一样。

加密货币的原生币和代币被创建之时，也是它们被铸造而出之时。从数量上来说，某个特定加密货币通常会被铸造上百万或者数十亿个。加密货币的流通供应量（Circulating Supply）是指已经铸造的加密货币总数量，最大供应量（Maximum Supply）是指可以铸造的加密货币总数量。注意，最大供应量属性存在于创建加密货币的原始代码中，不能被篡改。

加密货币和法定货币（如美元）具有显著不同，法定货币可以印刷更多（如美元），持续提升供应量。假定市场对美元需求保持恒定，如果市面上出现更多增发的美元，单张美元的价值就会下降。因此，像美元这样的法定货币不存在最大供应量。

---

[1]　指将 NFT 上链。——译者注

比特币的最大供应量为 2 100 万个，而像 Uniswap（UNI）这样的 ERC20 代币，其最大供应量为 10 亿个。NFT 的功能和加密货币很像，但它的独特性在于，其最大供应量为 1。NFT 是不可伪造的，也不能与同类自由交换，因为市面上没有与某个 NFT 同类的东西。我们可以把 NFT 想象成世界上仅存一幅的原画，一幅原画可以有副本或印刷品，但原画只有一幅。

尽管前文提到 NFT 的最大供应量为 1，但铸造供应量大于 1 的 NFT 也是可以实现的，例如，可以铸造同一个 NFT 的 100 个"复制品"。从技术上讲，它属于 1 个特定 NFT 的 100 个代币。每个代币都可以与该 NFT 的其他 NFT 代币互相交换，因为它们都是完全一样的。虽然这些多代币 NFT 也属于 NFT 的一种，但我们在理论上不应该把它们视作 NFT。尽管供应量有限制，但这类 NFT 是同质化且无区别的。

我们还需要区分多代币 NFT 和某一特定设计的限量版或成套 NFT。例如，罗布·格隆考斯基发行了 4 套 NFT，每套设计用来纪念他的一次橄榄球赛事夺冠。每套有 87 个同样的 NFT（是他的球衣号码）版本，每个 NFT 都单独标记，从 1/87，一直到 87/87。同理，一套"三个臭皮匠"之"全兄弟队伍"（All Stooge Team）NFT 是由 30 个特殊标记的 NFT 组成的。图 2.2 显示了该系列中的第 19 个。

尽管第 19 个也属于 30 个一套 NFT 中的一部分，但图 2.2 中的 NFT 的确也属于供应量为 1 的 NFT。同样，罗布·格隆考斯基的每个 NFT 也是独一无二的。

图2.2 "三个臭皮匠"之"全兄弟队伍"NFT，19/30

我们可以把这种限量版的、单独标记的 NFT 比作一整套绘画作品，这些作品是单独的，且会按照顺序进行标记。而对多代币 NFT 来说，可以把它类比为一尊雕像，雕像都是用一个模具铸造的，铸造次数有限，之后模具会被销毁。每个雕像都是独有的，但也存在用同一个模具铸造的其他相同雕像。不过如果每个雕像都按顺序标记，就意味着每个雕像都是独一无二的，那么用雕像形容多代币 NFT 就不适用了。

不同标记版本作品的估值不同，拿实物艺术版画来说，通常每套作品的首个版本，比如每套 500 版中的第一版价值是最高的。然而，对于 NFT 来说，驱动价值波动的因素会有所不同。例如，NBA Top Shots NFT 中价格最高的通常是标记数字与球员球衣号码一致的藏品。比如勒布朗·詹姆斯（LeBron James）的 23 号，卢卡·东契奇（Luka Doncic）的 77 号和凯里·欧文（Kyrie Irving）的 11 号。不过，如果一套 NFT 没有上述特殊的价值驱动因素，那么通常也会同实物艺术品一样，首版价值最高。

值得注意的是，在罗布·格隆考斯基和"三个臭皮匠"NFT中，每个单独编号的 NFT 都是单独铸造的。而在其他多代币 NFT中，一套 NFT 的所有代币都在单次铸造中产生。

NFT 的类别

通常提到 NFT 时，大多数人通常会想到数字艺术品和数字藏品，因为媒体高频的报道，这类 NFT 也经常因天价出售而登上新闻头条。但 NFT 还包括其他几种常见类型，接下来我们会详细介绍。

数字艺术和藏品

数字艺术是一种源于 20 世纪 50 年代的新型艺术形式。20 世纪八九十年代，计算机开始迅速普及之时，数字艺术就开始逐步发展。艺术家用电脑和智能手机等数字化工具进行创作，以数码格式存在的艺术品逐步流行，而数字艺术的数码属性就是媒介承载的本身。当然，我们的确可以把纸质版的数字图像打印出来，但保持数字化的艺术品，才算原汁原味的数字艺术。数字藏品与数字艺术品类似，数字藏品是以数字方式创作的，旨在保证其数码格式。不过，称之为"藏品"是因为它们通常与特定的流行主题高度相关。例如，罗布·格隆考斯基的数字球星卡 NFT 和经典影视作品《三个臭皮匠》出品的 NFT。

当然，数字藏品被赋予了充沛的艺术创意，因此数字藏品本身也属于数字艺术品。例如艺术家布莱克·马德雷（Black Madre）绘制的"罗布·格隆考斯基"NFT（由罗布·格隆考斯基负责创意指导），艺术家帕特里克·谢（Patrick Shea）创作的"三个臭皮匠"NFT。

不过，数字藏品的收藏价值还在于，NFT 本身同这些知名 IP 间存在联系，数字藏品同球星卡这样的实物藏品很相似，只是以数字格式存在。值得注意的是，数字藏品本身并不一定是数字艺术品，一张数字化的普通照片也可以算是数字藏品。

而数字艺术或数字藏品可以给已有的非数字材料加入数字艺术元素。例如，"三个臭皮匠"系列 NFT 出了一个 NFT 叫作"这是我的比特币"（That's My Bitcoin），是给一张现有的照片插入了一个数字化的比特币图像，这也算非数字材料和数字元素结合的 NFT（见图 2.3）。这张老照片的拍摄时间比较久远，比特币反而新一些，因此看起来很特别，算是一个较为典型的例子，有的时候这种结合的艺术并没有那么鲜明。

通常来说，数字艺术/数字藏品 NFT 主要包括以下几种形式：

- 图像。
- 视频。
- GIF。

- 音频。

- 3D 模型。

- 书籍、散文。

图2.3 "三个臭皮匠"之"这是我的比特币"NFT

图像

像加密朋克（CryptoPunk）NFT 或 Beeple 出品的 NFT，大多属于静态图像。各类数码拍摄或者扫描成数字格式的照片，都是静态的。当然，图像还包括原始的艺术作品，以及前文讨论的那种原始艺术品与后期数字艺术结合的作品。静态图像不包括动态效果。NFT 不会限制图像大小或分辨率。

尽管 NFT 平台可能会对铸造文件的大小加以限制，但是，通常大家都会尽可能提供高分辨率的图像，以便在更大的屏幕上呈现高清效果。

图像可以是位图（Bitmap，有时称为栅格图）或矢量图。像
.jpg 和 .png 这样格式的位图文件是比较常见的，它们是使用像素
阵列（Pixel-array）或点阵（Dot-matrix）来表示的图像。但位图存
在的问题是，如果将图放大，图片会失真。另一方面，像 .svg 格式
的矢量图文件，通过数学方程式在各点之间绘制线条和曲线（矢量
路径）。这样的图像可以被放大成任何尺寸，而不会降低图像质量，
并且矢量图的文件一般也不大。位图的优点是有更多的颜色深度，
每个像素都可以是数百万种颜色中的一种，是照片格式的理想选择。

视频

视频也是流行的 NFT 格式。像 NBA Top Shots 这套 NFT 就包
含 NBA 历史上的精彩视频片段，总销售额已超过 5 亿美元。不出
意外，勒布朗·詹姆斯的 NFT 一直是最受欢迎的。

当然，视频类型的 NFT 不局限于实际比赛中的视频片段，还
会被创造成其他流行的数字艺术形式。例如，罗布·格隆考斯基
的收藏卡视频 NFT 的设计效果就非常炫酷，罗布·格隆考斯基的
艺术品会从侧面闪现到卡片里，而且视频里的卡片还会自动翻转，
背面展示了标记序号和罗布·格隆考斯基的橄榄球相关信息。

通常视频需要手动点击才能循环播放，但像 OpenSea 这样的
NFT 交易平台，会自动循环播放视频，所以平台上视频的最后一
帧通常需要和第一帧的设计保持一致，以形成一个无缝循环。例
如，知名欧美歌手肖恩·蒙德兹（Shawn Mendes）的 NFT 是一个

不断旋转的肖恩卡通雕像。但是如果视频的最后一帧与第一帧不一致，图像就会转回到开头，这可能会带来不太好的效果。因此，我们在创建视频或 GIF 时，最好创建自动循环的视频。

在处理视频片段时，如果视频没有自动循环播放，人物就会跳到他们原来的位置，尽管这也不会有多大影响，但自动循环的视频会更具美感。这方面的例子是"三个臭皮匠"之"法庭骚乱"（Disorder in the Court）NFT，其中卷毛霍华德正在以搞怪的方式准备证人席事宜。在处理老视频片段时，除了要找到一个简短的"场景"，把视频开篇作为结束场景之外，并没有太多其他办法。图 2.4 是"法庭骚乱"的第一帧和最后一帧。

还可以通过在视频的开头或结尾加入一个简短的介绍性幻灯片来过渡，以克服这种问题。

图 2.4　"三个臭皮匠"之"法庭骚乱"NFT 的第一帧和最后一帧

GIF

.gif 是一种特定类型的文件格式，通常用于制作自动重复（或循环）的简单短视频。GIF 是 Graphic Interchange Format 的缩写，这种格式也支持静态图像。其实，GIF 最初是为制作静态图像开发的，但是由于单个 GIF 文件中可以存储多个图像，GIF 就成了短视频或动画的理想选择。有些人把视频或动画的 GIF 称为 GIF 动图。但对大多数人来说，即使 GIF 可以支持静态的图像，使用 GIF 也主要是用于制作动图。

与标准视频文件相比，GIF 的优势在于它本身是能自动循环播放的动图，不需要播放按钮。在 NFT 交易平台 OpenSea 的 NFT 页面上，视频类的 NFT（如 .mp4 格式）会自动循环播放，如果用户进入 NFT 收藏集（collection）页面，可以看到 NFT 的视频缩略图和一个播放按钮，点击播放按钮即可播放视频。在 NFT 收藏集页面的 GIF 动图，是没有播放按钮的，因为 GIF 本身具备自动循环的特性。

由于 GIF 是比较早的技术，因此也存在缺点，它的颜色只支持 256 位色，对大多数动画来说差别可能并不明显，不是什么大问题，但如果把高质量的视频转为 GIF 格式，差别就会非常明显。如果发行的 NFT 比较看重视频质量和分辨率，那么视频文件格式就是首选。还需要注意的是，GIF 动图是没有声音的。

由于 GIF 的压缩算法效率较低，因此 GIF 文件也比标准视频文件（如 .mp4 格式）大得多。因此，创建 GIF 时，需要降低图像、视频的尺寸或帧率（每秒的图像帧数），或者减少视频的长度（时间）。我们通常看到的 GIF 动图只有几秒钟，以短视频和动画为主，这就是原因。

如何创建 GIF？有专门的软件来创建 GIF，通过视频软件也可以把创作以 GIF 格式导出。还有在线 GIF 转换器，能够将大多数标准视频文件转换为 GIF。但是，在使用所有在线转换器时都必须谨慎，因为当你把作品上传到互联网时，你永远不知道这些文件会被上传到哪里。使用在线转换器时请确认它的安全性。

用 GIF 格式制作 NFT 是很好的，但只适用于数字艺术和数字藏品的短动画。

音频

音频也可以用于制作 NFT。首个以 NFT 形式发布专辑的流行乐队是莱昂国王（Kings of Leon），其专辑销售额超过 200 万美元。除了主流艺术家，部分独立艺术家也会选择发行音乐 NFT，不仅与收入相关，同时也是扩大粉丝群的好方法。

建议使用 . wav 格式音频文件创作音频 NFT，不要用 . mp3 文件。. wav 文件的声音质量更高，因为 . wav 文件是未被压缩的，而 . mp3 文件是被压缩的。

在 OpenSea 这样的 NFT 交易平台，需要为音频 NFT 提供封面图片预览，这个图片可以是包括专辑封面在内的任意图像。

3D 模型

3D 模型是用三维软件创造的特定现实世界、概念性物体、艺术设计的三维立体模型。在 VR、AR、电子游戏、电影、建筑、医疗等领域，3D 模型都是不可或缺的。

数字艺术家也越来越多地使用 3D 模型进行创作，因为大家可以通过 VR 或 AR 眼镜来观看 3D 模型，3D 模型可以用电脑渲染，通过鼠标（或智能手机、平板电脑的触摸屏）就能移动、放大、缩小、旋转渲染对象，还可以用 3D 打印机制作物理的 3D 模型。

OpenSea 等 NFT 交易平台支持 3D 模型 NFT 的发行，而 VeVe 是专门销售 3D 模型 NFT 的平台。

书籍、散文

纯文本也可以做成 NFT。例如一首诗、一个短篇故事，甚至是某本书。目前尚未看到大量书籍 NFT 或其他散文 NFT 的典型案例，但它们确实存在。因此，如果想寻找为写作等文字工作创收的新途径，NFT 是一个选择。

游戏中的 NFT 虚拟物品

目前，全球共有 28.1 亿名电子游戏玩家，预计到 2023 年，全球电子游戏玩家的人数将增长到 30 亿以上，这个数量级在世界人口中占比非常大。

在众多像《反恐精英：全球攻势》（*Counter-Strike：Global Offensive*，简写为 CSGO）和《刀塔 2》（*Dota 2*）这样的热门游戏中，游戏中的物品，包括装备、武器和皮肤（游戏中可以个性穿着的衣服）都是可以出售的。玩家如果想在游戏中通过纯玩来升级，可能需要很久，但如果玩家想快速升级装备，可以选择花钱购买各种装备。很多玩家希望在游戏中获得更多的火力和高级性能，而不愿意等待。于是，游戏开发公司从游戏物品出售中获得了巨大的利润，而这些游戏中的物品，本质只是计算机代码。据热门游戏《众神解脱》（*Gods Unchained*）官网，2019 年，玩家在游戏虚拟物品上的花费达 870 亿美元。

在单个游戏的游戏过程中，玩家往往会积累许多游戏的虚拟物品。如果玩家想玩另一个新的游戏，就会被之前游戏中的虚拟物品困住，因为购买这些虚拟物品会花很多钱。就这样，游戏中的虚拟物品交易市场开始逐步出现，玩家可以将不再需要的虚拟装备卖给需要装备的新玩家。另外，有些游戏的虚拟装备是十分稀有的，根据新闻报道，曾经有人为《反恐精英：全球攻势》的稀有皮肤支付了 10 万~15 万美元。

游戏虚拟物品的所有权问题在于，虚拟物品会受到游戏开发公司的影响，如果游戏用户群减少，游戏开发公司可能会停止运营游戏，这样一来，游戏中的物品就会一文不值。如果玩家为某个游戏的稀有物品花了大量的钱，结果游戏开发公司随便写点代码，又创造了成千上万的物品，又该怎么办？或者说，如果你的账号被封，被禁止进入游戏怎么办？因为有些游戏不允许买卖虚拟物品，如果被发现，很可能会被封号。除此之外，同许多行业相似，游戏虚拟物品的二级市场充斥着骗子。

部分游戏公司已经开始发行游戏 NFT 虚拟物品。例如，Animoca Brands（中国香港移动游戏开发公司）出品的赛车游戏 *F1 Delta Time*，游戏中的物品是以 NFT 形式出现的（见图 2.5）。玩家必须拥有汽车、车手和轮胎 NFT，才能参加比赛。游戏中的

NFT还包括驾驶员的装备，如头盔、服装、鞋子和手套，以及汽车改装部件，如前后翼、变速器、悬架和刹车，这些 NFT 包含每件装备的属性和数值，例如某个特定 NFT 部件对汽车加速的影响程度，抓地力和最高速度。由于它们是 NFT 虚拟物品，物品的所有权和真实性都由区块链验证。

图 2.5　OpenSea 上的 *F1 Delta Time* 中的"中级轮胎" NFT

数字交易卡/球星卡

提到球星卡时，你可能会想到棒球卡，或一套小包装的收藏卡，有的卡片包装里还有泡泡糖。这种卡叫作交易卡（trading card）。可收藏的数字游戏交易卡也比较流行，主要是跟着热门游戏一起流行起来的，如《万智牌》（*Magic：The Gathering*）这样的热门游戏就有游戏交易卡。万智牌有多受欢迎？根据维基百科的数据，2008—2016 年，超过 3 500 万玩家参与游戏，产生的万智牌超 200 亿张。这些可以在游戏中使用的，代表不同类型的能量或法术的卡片，也会在像亿贝这样的网站上进行买卖。

也许你曾听说过 Mt. Gox，它是最早的比特币交易所之一，因被黑客攻击而一败涂地。不过 Mt. Gox 最初是一个万智牌网站，Mt. Gox 是"Magic：The Gathering Online eXchange"的缩写。

卡牌游戏的演化使很多游戏在互联网上一炮而红。一个典型的例子是暴雪娱乐公司（Blizzard）出品的《炉石传说》（*Hearthstone*）。根据维基百科的数据，截至 2018 年年底，《炉石传说》玩家累计超过 1 亿人。从技术上讲，虽然《炉石传说》是卡牌游戏，有点类似于《万智牌》，但《炉石传说》不单单是一个交易卡的游戏，因为《炉石传说》游戏中的卡牌是不可交易的。尽管玩家曾踊跃要求，但是暴雪娱乐公司并没有开发这项功能。当然，这可能也是《炉石传说》受欢迎程度持续减弱的原因之一。

因此，NFT 交易卡兴起，是因为玩家确实有需求，特别是

《万智牌》和《炉石传说》这种以卡牌收集为亮点的游戏。《众神解脱》也属于卡牌游戏，有点像《万智牌》和《炉石传说》。不过在《众神解脱》中赚取或购买的游戏卡，是以太坊上的 NFT。这些卡可以随意在游戏中使用，也可以在 NFT 交易平台上交易和出售。游戏中的卡片属于 NFT，就意味着玩家拥有卡片的所有权，玩家可以随意处置它们。《众神解脱》游戏官网是这么说的："你如果无法出售物品，就不算真正拥有它们。"

数字地产

数字地产也被称为虚拟地产，它和游戏中的虚拟物品性质较为类似。数字地产可以作为 NFT 出售，但是"数字地产"这个名词听起来有点奇怪，因为它只存在于虚拟环境中，并不是真实的存在。但就虚拟环境而言，数字地产确实属于房地产，因为它是虚拟环境中的土地或土地上的建筑结构，与现实世界房产的价值类似。

虚拟世界 *Decentraland*① 是模拟现实世界的虚拟在线空间。这个虚拟空间可以支持很多人探索虚拟世界，通过游戏中的化身进行互动。游戏中的虚拟化身，是用户定制的代表形象。就像古代寻求栖息地的人类一样，虚拟世界中的人们也有愿望，那就是希望可以在虚拟世界中购买完美的土地，并定居下来。里面的买家

---

① 创立于 2017 年 9 月，是由区块链驱动的元宇宙平台。——译者注

也与现实世界相似，投资者会希望通过地价升值而获取利润。

据路透社报道："*Decentraland* 的土地、角色、用户名和虚拟服装等虚拟物品，总销售额已超过 5 000 万美元。4 月 11 日，一块面积为 41 216 平方米（虚拟空间的平方米）的土地，以 57.2 万美元的价格售出，创造了新的价格纪录。"

以 NFT 的方式出售和转让虚拟土地是可行的，因为土地的所有权和真实性可以在区块链上得到验证。《沙盒游戏》（*The Sand-box*），也是虚拟空间的案例，《沙盒游戏》中的所有资产和土地都是基于 NFT 的，这些 NFT 的优势是可以在各种 NFT 市场（如 OpenSea）出售。《沙盒游戏》在 OpenSea 上有自己的虚拟土地收藏集官方账户。

这有点类似房地产通过尽职调查的财产描述，数字地产 NFT 也指定了该块土地在虚拟世界中的具体位置。不过，传统房地产契约的转让通常在官方机构进行，而数字地产 NFT 的转让则记录在区块链上。

真的有数字地产吗？的确如此，它们在虚拟世界中风靡一时。《堡垒之夜》（*Fortnite*）这款游戏有超过 3.5 亿注册用户，尽管在《堡垒之夜》中还不能进行虚拟土地买卖，但《沙盒游戏》的虚拟世界已售出的数字地产 NFT 超过 76 000 个，总价值高达 2 000 万美元。随着 VR 技术的普及，特别是如果像电影《头号玩家》中绿洲那样的共享虚拟空间元宇宙真的出现，人们对数字地产的需求也会持续增加。其实都不用那么久，已经有大量现实世界的资金涌入数字地产。2021 年 3 月，有数字地产以 50 多万美元的价格售出。

域名

区块链域名也是 NFT 的典型代表，在 NFT 交易平台 OpenSea 上有一个区块链域名专区。不过需要在这里区分的是，我们正在讲的是区块链域名，而不是平时浏览互联网时用到的普通域名。

我们每天都在用的带有后缀的域名，如 . com、. net、. org、. tv 等，这些域名主要用于访问互联网上的各个网站，这些常见的域名后缀，也被称为顶级域名，最终由一个中央机构管理和监督——互联网名称与数字地址分配机构（Internet Corporation for Assigned Names and Numbers，简写为 ICANN），这是一个私人非营利组织，为全球域名系统（DNS）制定规则，并跟踪谁拥有哪些域名。

区块链域名所有权和 ICANN 无关，它是由区块链决定的，就像加密货币和 NFT 的所有权是由区块链决定的一样。同样，区块链域名也可以被保存在加密钱包中。我们将在第 6 章解释加密钱包。本质上区块链域名是一类区块链资产，也可以作为 NFT 的一种。

区块链域名的扩展名是 . crypto 和 . eth，不常用于网站访问，它们的主要功能是简化加密货币支付。而加密货币地址是随机数字和字母组成的一长串复杂符号，这个地址也被称为公共地址或公钥。我们将在第 6 章中详细介绍。

一个比特币地址通常包括 34 个字符，如 18ZW9AQGdsYcCUY

rrp1NDrtjAnTnTX4zRG，一个以太坊地址有 42 个字符，如 0x969B baa8473180D39E1dB76b75bC89136d90BD84。通过 . crypto 域名，就可以将域名与你的加密货币地址联系起来。例如，假设你有一个域名 example. crypto，在这种情况下，就可以设置一个专属于自己的简化加密域名，然后用这种简化的域名接受比特币、以太币或任何其他加密货币，而不是用一长串冗长的地址接收转账。当有人询问你的钱包地址时，你只需向对方发送域名，而被转账的加密货币，将通过域名解析，转到相关加密货币地址。不过使用简化加密域名也存在缺点，如果有人转账时拼错了域名，你将无法收到本该转给自己的钱。

区块链域名也可以像普通顶级域名一样，作为网站地址存在。域名的解析不通过 ICANN 控制的 DNS，而是通过其他途径，这种区块链域名网站是去中心化的，大多数浏览器只支持 DNS 域名，但有一些浏览器扩展，使浏览器能够解析区块链域名。也许在不久的未来，将不再需要浏览器扩展进行解析。

作为 NFT，区块链域名的优势是只需支付一次，就可以属于你。而普通顶级域名的注册商每年都会收取手续费。如果不续费，你就会失去这个域名。区块链域名通常不需要续费就完全属于你。

普通顶级域名的买卖已经持续了几十年，对投机者来说是一笔大生意。早期的互联网用户发现了诸如 hotels. com 这样的日常词汇域名的商机，并在其中大赚了一笔。早在 2001 年，hotels. com 就以 1 100 万美元的价格售出。2019 年，voice. com 以 3 000 万美元的价格售出。

区块链域名目前处于应用的早期阶段，还没有像普通顶级域名那样成为主流。尽管如此，区块链域名 NFT 市场已经开始升温，区块链域名 NFT win. crypto 以 10 万美元的价格出售。现在，还有很多潜在机会，可以提前注册一些区块链域名，因为随着区块链域名应用越来越广泛，这些域名的价值将随之增加。当然，到底需要多长时间，究竟未来是否被大规模使用，都存在不确定性，这也是为什么区块链域名投资者会被称为投机者。

活动门票

参加活动需要持有实体门票，并在进入活动现场前出示。现在，门票已经越来越数字化。尽管实体门票仍被广泛应用，但有时候移动设备显示的条形码也可以作为数字门票，打印出来即可作为实体门票出示。像 Eventbrite 这样的数字票务服务商，可以帮助活动组织者以简易的数字方式出售门票。但门票问题仍然存在，特别是对于大型活动，像音乐会和体育比赛。

有时人们临时无法参加活动，想出售门票。也有票贩子批量购买门票，故意创造稀缺性，然后通过倒卖门票牟利。笔者马特回忆道，在红袜队（the Red Sox）的门票早已售罄的比赛门口，如果你在洋基体育场外面晃两圈，想要找几张门票，很可能会买到票贩子手里的假票。幸运的是，作为一名经验丰富的球迷，马特从未上过当。但有一次，在去麦迪逊广场花园看尼克斯队（Knicks）的季后赛时，他前面的观众在门口检票处因持假票而被拒绝入场。根据美国消费者新闻与商业频道（CNBC）网站 2018 年的一篇文章，约有 12% 的人称自己在网上购买的音乐会门票是假的。

在骗局之外，票务的二级市场已增长到 150 亿美元，像 StubHub 这样的网站促进了活动门票交易市场的发展。StubHub 网站为卖家和买家提供服务，平台会对出售的门票进行核实，但这项服务会收取高额手续费。另外，卖家需要快递或者邮件寄送门票，如果活动即将开始，则需要极速快递服务。更重要的是，活动组织者、音乐会发起人或表演艺术家，都无法从二级市场上出售的门票中获得利润。

NFT 门票可以协助解决这些问题。

首先，有了 NFT 门票，就不需要中心化组织来验证门票的真实性，因为 NFT 的真实性是由区块链验证的。其次，NFT 可以内部规定，通过转售产生的部分利润将自动发送给活动主办方。NBA 达拉斯独行侠队老板马克·库班（Mark Cuban）在谈到技术时，说正在考虑以 NFT 作为独行侠队的门票。在 2019 年 3 月 CNBC 网站的一篇文章中，马克·库班认为，希望能够探索一种新的方法，这样不仅球迷可以购买门票并转卖，俱乐部还能继续从中赚取二级市场的利润。

推特片段

你可能在 2021 年 3 月的新闻中听说过，推特创始人之一杰克·多尔西（Jack Dorsey）将他的第一条推文作为 NFT 出售，价格为 290 万美元。谁能想到一条推文居然可以被做成 NFT？这表明，NFT 内容形式的多样性比预期中更广泛。

NFT 的各个方面

每个 NFT 实质都是一段编程代码，在以太坊上也被称为智能合约。有一些固定的标准规定了 NFT 代码中应该包括的内容。NFT 具备和常规的 FT（同质化代币）截然不同的特征。如前文所述，以太坊上的 FT，也被称为 ERC20 代币。以太坊的 NFT 智能合约是 ERC721 或 ERC1155，这些数字代表了完全不同的标准集，这些标准集定义了 NFT 可以具备的功能和特征，标准集也约定市场、钱包可以同以太坊上的任意 NFT 连接。注意，以太坊是迄今为止最受 NFT 市场欢迎的区块链，当然还有其他几个可以支持 NFT 的区块链，包括 WAX（World Asset eXchange）链。Topps 发行 NFT 主要用的是 WAX 链，Topps 公司拥有美国职业棒球大联盟等体育联盟的收藏许可（包括实物和数字形式）。其他支持 NFT 的公链还有 FLOW 链（NBA Top Shots NFT 发行在 FLOW 链上），以及 Binance 智能链。本书将在第 5 章详细介绍各种 NFT 交易平台，以及每个平台所使用的区块链。

根据上述标准规定，NFT 可以属于某个特定的人，也可以进行转让。除此之外，标准还约定 NFT 可以包含以下方面。

- 名称。
- 主要内容。
- 可预览内容。
- 说明。
- 属性。
- 可解锁内容。
- 持续的版税。
- 供应量。

就常见场景而言，NFT 的名称、主要内容和供应量（通常为 1）是必需的。说明、可解锁内容和持续的版税是可选项。NFT 的属性可以是主要内容中的一个关键内容，也可以等同于主要内容，有些情况需要可预览内容。接下来，我们将讨论各个要素和不同的变体。

名称

名称很直观，一个 NFT 同一件艺术品一样，都有名称。有时你可以在名称末尾看到标记数字，如"（2/10）"或"17 of 25"。前者表示此 NFT 是一套 10 个中的第 2 个，后者表示此 NFT 是一套 25 个中的第 17 个。

主要内容

主要内容，是指创建 NFT 需要的内容，也可以认为它表示创建 NFT 的特定目的。例如，数字艺术 NFT 和域名 NFT（见图 2.6），数字艺术 NFT 的主要内容是图像、视频、GIF 或 3D 模型。而域名 NFT 的主要内容就是域名，由图像表示，包含特定的属性。

图 2.6　数字艺术 NFT 和域名 NFT

图 2.6 中的左图是数字艺术 NFT 的主要内容，但右图并不是域名 NFT 的主要内容，这里的图片只是域名 NFT 主要内容视觉上的体现。

对于数字游戏交易卡，NFT 的主要内容既包含图像（或 GIF），也包含图像所代表的游戏技能强度或其他游戏属性。

数字地产的主要内容，是指数字地产在某个特定虚拟世界中的具体位置，通常用 XY（X，Y）坐标表示。

在 NFT 的主要内容中，如果需要强调视觉效果，几乎任何文件格式都可以达到。但如果想在几个 NFT 交易平台创建 NFT，不同平台支持的文件格式和大小会有所不同。例如，在 OpenSea 上创建 NFT，内容可以采用以下任何一种文件格式：JPG（图片）、PNG（图片）、GIF、SVG（矢量图）、MP4（视频）、WEBM（视频）、MP3（音频）、WAV（音频）、OGG（音频）、GLB（3D 模型）或 GLTF（3D 模型）。OpenSea 所支持上传的最大文件大小为 40MB。

可预览内容

如果 NFT 的主要内容不是图像，而是一段音乐，那么主要内容可以用一段可预览内容表示。可预览内容可以是图像或 GIF，如专辑封面图或其他能代表该音乐的艺术图片、照片等。注意，可预览内容不是 NFT 所必需的。可预览内容的目的，是让 NFT 在市场中更引人注目、更有特色，而不仅是光秃秃的音符图片，或者空空如也。

可预览图和缩略图之间存在明显区别，缩略图是缩小的图像或视频，当某个收藏或交易平台页面需要显示多个 NFT 时，通常用缩略图来表示 NFT，点击缩略图可以链接到 NFT 的详细页面或相应的全尺寸图像。如果点击视频缩略图上的播放按钮，就会播放视频，而不会链接到 NFT 的详细页面。

说明

说明也是直奔主题的，除了用于描述 NFT，还可以用于表示标记数字，描述可解锁的内容是什么，声明版权或商标归属，介绍最高出价者将获得的额外福利（如果有额外福利的话）。

以下是"三个臭皮匠"之"Crypto Moe"NFT 的说明。

三个臭皮匠已经变成了 8 bit（比特），这是只有 2 bit 的 4 倍。

稀有的 Crypto Moe NFT 仅铸造一个，未来再也不会有。

本次拍卖的最高出价者，还将获得与 Moe 的家庭成员见面的机会。"三个臭皮匠®"是 C3 Entertainment 股份有限公司的注册商标。"三个臭皮匠®"人物、名字、肖像和所有相关标志属于 C3 Entertainment 股份有限公司。解释权归 C3 Entertainment 股份有限公司所有。

福利

有时 NFT 说明中也会包含额外的福利。福利是 NFT 收藏者可以获得的额外物品或经验。例如，罗布·格隆考斯基的"职业生涯闪光时刻卡（1-of-1）"NFT 的说明中提到了这样的福利：除了赢得职业生涯闪光时刻的 NFT，本次拍卖的最高出价者，将获得与球星罗布·格隆考斯基见面的机会，现场观看他的一场比赛，并赢得下一次在格隆科海滩场地比赛的 VIP 全票（2 张门票/2021 年赛季多人比赛）。尽管暂时没有明确说明提到的格隆科海滩是什么，但这个福利听起来很有趣。说明中还补充道，必须在 2021 年 4 月 30 日才能进行福利兑换。因此，NFT 的额外福利和限制条件也应该在说明中体现。

在 NFT 中包含的额外福利会提高 NFT 的价值，能见到格隆考斯基本人无疑是很有吸引力的。确实有人被吸引到了，并以超过 229 ETH 的价格购买了这个 NFT（当时超过 433 000 美元）。

实体物品

NFT 的说明也可以同实物资产联系起来。例如，OpenSea 上的 Slabs 收藏集的说明如下。

> 由实物和分级资产支持的数字 NFT 交易卡！叫作 Slabs！
>
> 收集并投资于代币化的体育运动和交易卡（集换式卡牌游戏）。所有 NFT 都是由知名公司如专业体育鉴定公司（PSA）或贝克特分级服务（BGS）进行核验的分级卡片，具备不同的等级（如 PSA 10 与 BGS 9.5 级别）。卡片被以非常安全的模式存储到如 PWCC 保险库及其他地方，数字收藏可以规避运输和存储的麻烦。
>
> 用户可以选择赎回 NFT，并且获得一张实体卡。完整的说明在可解锁内容中。赎回的 NFT 将被销毁，新的 NFT 持有者需要负责所有的运输费用、履约费用（如果适用的话）和保险费用。请访问以下链接了解更多细节。带有评级公司序列号的 NFT 将与保管中的 NFT 相互匹配，但你不一定收到与被赎回 NFT 一模一样的卡片。你收到的将会是同一公司评级

的同等级实体卡。

请注意，Slabs 的说明不是对每个 Slabs NFT 的说明，而是对整个收藏集的说明。

类似地，数字艺术家也可以在自己发行的 NFT 的说明中写明，NFT 所有者有权获得 NFT 艺术品相对应的原画。

NFT 是一种可以方便"拥有"实物资产的有趣新手段，通过持有 NFT，而无须拥有实体资产。使用这类 NFT 可能会获得一些新的动力，但问题仍明显存在，如果 NFT 的发行方在进行 NFT 赎回时，没有交付资产，会发生什么？实际上，大家只是拥有 NFT 和一项承诺，这就与区块链资产的价值背道而驰，因为它仍需要第三方的信任。

属性

NFT 可以具备某些属性，尤其对于游戏虚拟物品 NFT 和数字游戏交易卡 NFT，这一点特别重要。属性指 NFT 代表的不同等级或类别，或者 NFT 提供的力量或优势（主要是游戏中常见的数值），以及 NFT 提供的额外力量加成。例如，图 2.7 所示的是赛车游戏 *F1 Delta Time* 中一副赛车手套 NFT 的属性。

首个区域，标记为属性，显示了 NFT 属于什么类别，以及该类别中 NFT 的百分比。我们首先可以看到手套属于装备类别，是 2020 年赛季的，属于稀有等级。这些类别是由游戏开发公司

图 2.7　一副赛车手套 NFT 属性

设置的，不同游戏的设置各有不同。如果把该属性和图 2.8 进行比较，我们可以发现，不同游戏的属性类别完全不同。对于赛车手套 NFT 来说，稀有程度是 4/9。尽管我们没有玩过 *F1 Delta Time*，但我们假设 4/9 属于中等稀有的水平，对游戏来说，更重要的是属性加成，手套提升了" +395 攻击力"" +433 注意力"" +357 体力"。标志卡攻击等级为 3，健康等级为 3，法力等级为 4，同样，根据我们对游戏《众神解脱》的理解，法力是指能量水平。理论上，一个 NFT 所包含的属性数量是无限的，数值设定主要取决于游戏开发公司、NFT 发行方，以及市场默认允许的设置限制。

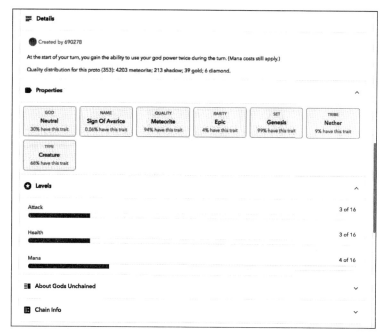

图2.8　《众神解脱》中的一个 NFT 的属性

可解锁内容

可解锁内容非常酷炫，它是指只有 NFT 所有者才能看到或访问的独家内容。可解锁内容提升了 NFT 的价值，包括 NFT 本身以外的内容，并且也是一个重要组成部分，引发了大家的好奇心。在 NFT 的说明中，可以介绍可解锁内容具体是什么，当然也可以把它作为一个惊喜。

可解锁内容的形式多样，可以包括实际的文件（如图片或视频），典型案例包括可用于兑换实物或其他福利的信息、某些特定

网站的登录凭证（如网站或在线培训项目）、游戏激活密钥、NFT
创建者说明，甚至是由《三个臭皮匠》中的卷毛讲述你的福利是
什么，例如包括一个代表财富的卷毛霍华德 NFT。

值得注意的是，在像 OpenSea 这样的交易平台上，实际可查
看的解锁内容只能是文本。因此，如果你想揭示一些其他类别的
内容，如图片或视频文件，就需要提供文件链接，或者可以提供
一个电子邮件地址，并说明让 NFT 持有者发送电子邮件，然后可
以把文件发给他们。

持续的版税

NFT 的另一项突破是，创作者可以设置持续的版税。这就意
味着未来每次出售 NFT 时，都会有一定比例的收入返还给原创作
者。也就是说，艺术家和其他 NFT 创作者可以从作品的未来销售
中获得收益，不需要有任何额外操作，版税金额就可以自动发送
到创作者的钱包。

创作者可以选择想要的版税比例，例如 10%。不过如果版税
比例过高，可能会影响未来的销售。当 NFT 在某些市场销售或拍
卖时，如 OpenSea，买家是无法看到版税分配的具体明细的。

还要注意的是，在 OpenSea，版税是创作者创建 NFT 时需要
手动设置的，此项设置适用特定收藏集的所有 NFT。此外，创建
者也需要标出版税转账的钱包地址，该地址可能不同于创建 NFT
的钱包地址。我们将在第 6 章详细介绍如何创建和铸造 NFT。

还有，如果在某个特定市场上发行 NFT，为该 NFT 设置了持续的版税，而该 NFT 却在另一个平台出售，那可能就收不到版税了。

供应量

正如本书前文所述，通常单个 NFT 的供应量都为 1，这使得它是唯一且不可伪造的。但是也有 NFT 供应量大于 1 的情况，这样的 NFT 有一点像普通的加密货币，每个都一样。这里我们需要注意供应量和单个 NFT 版本号之间的区别，例如，图 2.9 所示的"三个臭皮匠"之"NFT 推销员"（Hucksters NFT）NFT 是第 5 个，这套 NFT 共有 30 个。

图 2.9　"三个臭皮匠"之"NFT 推销员"NFT，5/30

这个特定的 NFT 的供应量是 1，30 个 NFT 中的第 5 个是唯一的。也就是说，30 个 NFT 中只有一个"NFT 推销员"。然而，"NFT 推销员"所属系列共有 30 个 NFT。尽管这套 NFT 的图片相同，但该系列中的每个 NFT 都有独立编号，因此，每个 NFT 的供应量是 1。

NFT 中具体包含什么

NFT 中的所有元素都集中在区块链上的某个地方吗？并非如此，NFT 实际上是基于 ERC721 标准（适用于基于以太坊的 NFT）的智能合约（编程代码）。NFT 的所有要素都需要在智能合约中约定，除了供应量和持续的版税，NFT 的各个方面都会包含在智能合约的元数据（metadata）中。例如，一个数字球星卡 NFT 的元数据如下。

```
{
    "name": "Elven Wizard",
    "image": "storage.googleapis.com/game-image
/0x0d7b893b3wdd389cf022530ccd1743ac1db56e4e
/0127847.png",
    "description": "Common Alpha Edition
wizard of elven descent.",
    "attributes": [
        {
            "trait type": "Strength",
            "value": 16
        },
        {
            "trait type": "Dexterity",
            "value": 20
        },
```

```
        {
            "trait type": "Wisdom",
            "value": 19
        },
        {
            "trait type": "Constitution",
            "value": 15
        }
    ]
}
```

　　注意，智能合约中不包含 NFT 的图像文件，具体的图像文件存储在其他位置，并在元数据中引用。出现这样情况的主要原因在于，如果在区块链上存储体积很大的图像和视频文件，区块链就会不堪重负。包含图像、视频文件部署的智能合约，成本非常之高，就算只在链上存储元数据的成本也不低。因此，大多数 NFT 项目还是会将元数据存储在链下，只在智能合约代码中引用元数据的位置。

　　在链下存储元数据和文件主要有两个解决方案。第一个是传统的云存储解决方案，如亚马逊 AWS 或谷歌云。另一个是星际文件系统（InterPlanetary File System，简写为 IPFS）。IPFS 是由世界各地的计算机组成的去中心化的点对点网络。通过 IPFS，数据和文件可以被存储在多个地点。不过，尽管上述提到的是目前常见的存储解决方案，但元数据和文件其实可以存在互联网的任何地方。

　　因此，从技术上说，NFT 其实是对数据和文件的引用。我们将在下一章讨论这个非常重要的问题，即 NFT 的数据和文件如何存储？

NFT 的外部要素

除了前文提到的 NFT 的内部要素，NFT 的外部要素也较为重要。每个 NFT 都如同背后蕴含着故事的作品，无论故事是否引人注目，它们都是 NFT 的一部分。

作为本书读者，你选择读这本书的原因很可能是想加入这股 NFT 浪潮，比如想要铸造自己的 NFT，期望获得成功。很多想要参与发行销售 NFT 的品牌、网红、公司等听多了 NFT 成功的案例，很容易就认为，自己的 NFT 只凭简单的价值、创作的经验或曾经的盛名也能获得成功。

可惜真实情况并非如此。

NFT 必须具备以下外部要素，才有可能取得长期的、可持续的成功。

- 一个引人注目的故事，说明你（创作者）"为什么"要进入 NFT 市场。
- 可以转化为 NFT 声誉的个人影响力。
- 承诺 NFT 可以保值或升值。

也许你只是想铸造 NFT，享受过程中的乐趣，再看看会有什么趣事发生，这也不错，你可能会达到目标。但是，如果你确实想把 NFT 作为长期谋生的职业，那就要关注这些外部要素。

14 年前，迈克·温克尔曼开始了每天创作一幅数字艺术品的旅程。今天，这套"每一天"系列（*Everydays：The First 5 000 Days*）已经包含了 5 100 多件数字艺术品。

作为一名计算机科学家，Beeple 并没有艺术背景，他只是想学画画而已，认为每天发表一件作品会吸引一批愿意支持他的粉丝，激励他持续创作。

Beeple 的创作初心是希望未来采用 NFT 形式把自己创作的 5 000件艺术品以 6 900 万美元的高价出售吗？他的初心并不是如此，但这个故事确实发生了。研究 Beeple 的成功案例，可以发现以下几个基本要素。

为什么

思考一下为什么要做 NFT？这个问题没有绝对正确或错误的答案。到底驱动你的是什么？激励因素是什么？如何在 NFT 中，向观众展示这种具备激励性的内在动因？通过对上述问题的恰当回答，可以吸引粉丝。

Beeple 的故事很有说服力，他的整个品牌形象与 NFT 艺术家有机结合在了一起，在他首次销售 NFT 之前，他将作品从数字媒体中跳脱出来，以最高标价为 100 美元的价格出售实体版画。作为数字原生艺术家，Beeple 的数字艺术档案，应该被收录在数字媒体中。而"每一天"系列的整套作品，展示了日常创意的积累与成长。因此，拥有他的一个作品，就等于拥有了 Beeple 的一段艺术旅程。那么，如果想让收藏爱好者喜欢上你的 NFT，你将会讲一个怎样的故事？

声誉

Beeple 的业界声誉令人敬佩，他花了 14 年时间为他的社区做贡献（而很少索取）。Beeple 激励着很多人去做更棒的事情，例如激励大家去尝试学习 CINEMA 4D 和 OctaneRender 这些新软件（Beeple 用来创造他令人着迷的艺术的软件），或者像他一样，每天坚持完成一项任务，提升自己。声誉是很重要的，你的声誉是什么？它将如何与你给大家解释的"为什么"的部分保持一致？

有保证的未来

购买 Beeple 的 NFT，自带一种对未来的承诺。大家知道，未来 Beeple 将会持续创作"每一天"系列作品，这让潜在的收藏者非常放心，他们相信 Beeple 将会长期参与其中，不会今天出现一下，然后明天就消失。

你将如何向 NFT 领域表明你愿意与社区一起成长的决心？

如果我们把 Beeple 的 NFT 的成功与以下这款 NFT 的失败进行对比，就更能理解前文提到的基本外部要素到底是什么。

2021 年 4 月，DayStrom 铸造了让－米歇尔·巴斯奎特（Jean-Michel Basquiat）的作品《自由梳子与塔》（*Free Comb with Pagoda*）

的 NFT 版本。成功拍到该 NFT 的所有者将同时获得销毁原作的权利，也就是可以把原作完全销毁，只留下 NFT 版本。支持这么做的背后原因是，销毁原作将会使 NFT 更有价值。

几天后，由于版权纠纷，该 NFT 销售戛然而止。

那么，为什么在空闲时间创作数字艺术的计算机科学家 Beeple，可以售出价值超过 7 500 万美元的 NFT，而一个艺术大牛的作品却无法做到呢？

这是一个耐人寻味的问题，大家确实忽略了一个事实——愿意购买数字藏品 NFT 的人，可能并不希望毁掉这件美国历史上最有影响力的艺术家的艺术作品。另外，NFT 发行方是否打算将巴斯奎特的所有作品都作为 NFT 出售？那这些 NFT 的所有者是否都会得到销毁原作的权利？发行方并没有明确表达对于未来的承诺。

当然，并不是所有成功的 NFT 都具备上述这些外部要素，上面提到的也不是用于出售 NFT 的全面指南。本书将在第 7 章中详细介绍 NFT 的出售。

2005 年 1 月，一位名叫戴夫·罗斯（Dave Roth）的男子无意间创造了一段互联网的历史。他拍摄了一张 4 岁女儿佐伊的照片，照片中的小女孩站在一座燃烧的房子前，调皮地望向镜头。这张照片迅速传播开来，并作为"灾难女孩"表情包开始在互联网迅速传播，这也成为历史上最出名的表情包之一。16 年后，这张原始照片的 NFT，以 180 ETH 的价格（在撰写本文时售价已超过 70 万美元）售出。

尽管我们不知道@3FMusic为什么会购买这个NFT，但可以推定，是为了这张照片的知名度和历史性意义，而不是出于未来的保证，或某个引人注目的故事。

NFT的价值还是个谜，有时只是随机拍脑袋得出的价值。在下一章中，我们将更详细地探讨为什么NFT有价值。

不过，到了这里，你应该已经明白为什么人们会收藏，NFT是什么，NFT有哪些不同类型，NFT的各个要素，以及一些使NFT具有吸引力的外部因素是什么。

接下来，我们来讲讲NFT的价值。

第3章

NFT的价值何在

人们通常会认为目前互联网上的内容应该是"免费的"。实际上，在如今互联网基于广告的商业模式下，无论是推文、音频、视频、论文，以及我们能想到的多数互联网内容，用户都倾向于免费，倘若不是，那么绝大多数人都不会点进去。由于这种固有观念，很多人难以理解为什么要去购买数字产品，例如，为什么要购买 NFT（许多是电子图片）这种看起来应该是免费的东西？为什么要买大家都可以在网上随便浏览的东西？多数 NFT 都可以截图保存，为什么要去声明数字产品的"所有权"？

回答上述问题，需要从多角度考虑。本章将会探讨这些问题的根源。然而，正如第 2 章中提到的问题——人们为什么收藏，本章要确定关于 NFT "价值"的一些原则，以便你可以理解 NFT 的价值。

收藏品为什么有价值

第二次世界大战重新定义了资源的稀缺性。很多国家都颁布了糖、肉类、汽油、轮胎和纸张的定量配给政策。除此以外，金属铜也是当时极度短缺的资源。

对于发电机、电机绕组、无线电路和弹药的制造来说，金属铜都是必需品。并且，第二次世界大战的战场范围覆盖海陆空，很多种类的机器装备都需要铜才行，为了应对战争，弹药的制作量远远没有上限。

毋庸置疑，美国的铜产量并不足以满足其战时需要，但其实当时铜的最大需求方并非军事领域，而是美国造币局。

1942 年 12 月，美国国会通过了一项法案，法案授权美国造币局可以探索用不同的金属制造美分硬币。不过，自 1943 年开始（由于第二次世界大战对铜的需求量增大），美分的铸造成分发生了变化：从 95% 的铜、4% 的锌、1% 的锡，变为几乎全部是钢，为了避免生锈，硬币表面有薄薄的锌涂层。

但是，在造币局大约铸造了 11 亿枚钢制美分硬币之后，美国公众对硬币外观的颜色变化（从棕色变为银色）表达了强烈的不满，并且，由于钢制美分的重量较轻，以至于影响到自动投币售货机的正常使用。而后，1943 年，钢制美分的生产中断，采用 95% 铜和 5% 锌的铸币成分（直到 1982 年才改为镀铜锌）。

在一年左右的制造过渡期，铜制和钢制的造币坯（用于铸币的圆形金属模具）都沿用到了下一年，这就导致 1943 年铸造的铜美分和 1944 年的钢美分出了问题，这些硬币本应于前一年停产，但错版硬币还是被生产出来了。

1943 年约有 40 枚铜制错版美分被生产出来，1944 年约有 35 枚钢制错版美分，共有 75 枚错版美分。从数量上来说，这两年间共铸造了十亿枚以上的美分硬币，因此，这 75 枚错版美分是极度罕见的。

在美国造币局为战时力量努力做贡献的时候，不经意间，也为世界各地的钱币收藏家，创造了一类稀有的收藏品。

一转眼，数十年如白驹过隙。2021 年，1943 年铸造的铜制美分单枚市场价格约为 15 万~20 万美元，1944 年的钢制美分市场价格为 7.5 万~11 万美元（具体价格取决于硬币品相）。不过，正如大家所认为的，艺术品的价值主要在于，有人愿意为它们买单，这个道理也同样适用于收藏品。

2010 年，德州游骑兵队（Texas Rangers）的比尔·辛普森（Bill Simpson）花费了创纪录的 170 万美元购得一枚 1943-D 铜制美分硬币，7 年后又花 100 万美元购买了一枚 1943-S 铜制美分硬币（字母表示不同的造币局，"D"表示丹佛造币局，"S"表示旧金山造币局）。这两次购买，完成了他对当时美国总共 3 家造币局 1943 年铜制错版美分硬币的收藏（另一家造币局是 1943-P，其中的"P"表示费城）。

一枚自身价值只有 1 美分的硬币，居然可以卖到 7 位数的价格，听起来实在是太不可思议了。但是，这个例子，已经能够充分说明收藏品是如何升值的，以及收藏品的价值演变，是如何远远超出了最初的设想。

仅具备稀缺属性的东西，并不意味着它也具备很高的价值，影响收藏品价格的因素有很多，如下所述。

- 出处证明：出处与物品的来源、原产地有关，提及收藏品时，出处是所有权的记录，可以用作真实性或质量的背书。出处证明可以说明，某个特定的收藏品事实上就是证明中所描述的那个。就艺术品而言，出处是记录在案的所有权链，这个链条可以一直从当前艺术品所有者追溯到最初创作的艺术家。当艺术品和收藏品进行交易时，它们的出处可以决定交易的成败。
- 历史意义：某件收藏品创作的时间段或与创作有关的历史背景，会影响收藏品的价格。第二次世界大战导致 1943 年和 1944 年罕见错版硬币的诞生，这个错版硬币本身具备第二次世界大战的历史背景，增加了错版硬币产生的故事性和复杂性，与历史上造币局仅因疏忽而发行的其他错版硬币有所不同。
- 情感联系：收藏家和收藏品之间的情感联系也不容忽视。这种潜在的情感联系，会导致收藏家愿意为收藏品支付超高的溢价，因为这件收藏品可能对其意义重大。
- 收藏品的品相：收藏品的品相很重要，所有收藏品都会根据其磨损程度进行评级，不过，当涉及某件独一无二的收藏品时，品相就没那么重要了。然而，当一种收藏品不是孤品，存在很多件的时候，就会像我们前面提到的错版硬币一样，品相条件越好，价值越高，这就是收藏家会不遗余力地保护收藏品的主要原因。

- 收藏品的完整度：是否拥有整套收藏品也会对价格产生影响。对比尔·辛普森这样的大收藏家来说，猎取的刺激感占据主要地位，比尔希望拥有一套完整的收藏。不过，越是稀有的收藏品，集齐一套就越难。因此，一套完整的收藏品会大大增加其市场价值。

当然，收藏品的价值，对圈外人来说可能是个谜。想象一下，如果你试图用一枚价值连城的错版硬币来购买一套上百万美元的房子，不懂这枚错版硬币的稀有度和市场价值的人会笑掉大牙。

圈内的收藏价值很难被外界理解，但重要之处也在于此，收藏品的价值上升，主要是因为有收藏家，而供求关系是收藏品价值背后的助推器，所有其他因素只是在收藏品的故事中发挥一点小作用，但是，倘若没有需求，价值就不存在。

另一类对收藏品价值影响原理有认知的是纯艺（fine art）①收藏家。不过，所有收藏家都必须解决一个共同的问题，那就是作品的真伪。

---

① 指绘画、雕塑等纯艺术。——译者注

为了进一步理解 NFT 的价值，我们首先探讨一下长期困扰传统艺术品和收藏界的问题，即多年来，艺术品界和收藏界一直被假货、赝品和欺诈等现象所困扰。

传统艺术存在的问题

艺术品界一直存在令人不齿的秘密，即赝品在市场上随处可见，并且这个问题目前仍然存在。瑞士美术专家协会（FAEI）2014 年的报告显示，目前市场上流通的 50%（没错，数据是 50%）的艺术品是赝品。尽管这个数字存在争议，但 2019 年全球艺术品市场销售额超 640 亿美元，在整个市场中，仍能源源不断地发现私人收藏、画廊和博物馆存在赝品。

近期的艺术品骗局

艺术品界的赝品现象，已经持续了几千年。但是，鉴定方法却没有任何本质改变。下面是近期的部分艺术品骗局，这些案例充分体现了鉴定艺术品的方法是多么不可靠。

- 古典大师画作赝品事件：2011 年，一幅据称创作于 17 世纪的弗兰斯·哈尔斯（Frans Hals）肖像以 1 000 万美元的价格售出。结果在 2016 年，这幅画被发现其画布上有现代材料的痕迹，证明该画作完全是赝品。据报道，这个赝品骗局牵出多达 25 幅古典大师画作，总价值高达 2.55 亿美元。

- 诺德勒画廊售假事件：1994—2008 年，诺德勒画廊向买家出售了 20 多件赝品，总价值达 8 000 万美元。一位长岛艺术品经销商与男友及其兄弟一起，在纽约皇后区聘请了一位艺术家，模仿杰克逊·波洛克、马克·罗斯科和罗伯特·马瑟韦尔等人的风格作画。团伙还伪造了一系列所有权文件。

- 贾科梅蒂赝品雕塑事件：2011 年，伪造瑞士艺术家阿尔贝托·贾科梅蒂作品的犯罪分子被抓获，这名伪造者在 30 年里出售了 1 000 多件赝品雕塑和青铜器具，价值近 900 万美元。因为雕塑比绘画容易，所以雕塑市场比绘画市场更阴暗复杂。由于许多伪造的雕塑目前仍在市场上出售，这个骗局对现在仍有影响。

- 亿贝上售卖的赝品：2016 年，一名密歇根州的艺术品经销商被抓获，他在 10 年内使用多个假名，在亿贝上出售了几十件艺术赝品，涉及的艺术家包括威廉·德·库宁、弗朗兹·克兰和琼·米切尔等。这名伪造者还伪造收据、销售单和信件，以提供伪造的作品源头和出处证明。史密森学会（Smithsonian）① 可能也和这一案件有关联，因为它从这名伪造者手里购买了 6 件作品。

———————

① 一家由美国政府资助的知名博物馆机构。——译者注

值得注意的是，上述案例只是近几年知名艺术品骗局中的冰山一角。回溯历史，1985—1995 年，仅来自伦敦的赝品大师约翰·迈亚特（John Myatt）就仿制了 200 多幅夏加尔、毕加索和莫奈等知名艺术家的画作，并以数百万英镑的价格售出，多个知名画廊、收藏家和拍卖行都卷入其中。哪怕是今天，艺术品界的造假现象并没有好转，且看不到任何缓解的可能性。

不可靠的鉴定专家

艺术品界的画作和其他艺术品都是由鉴定专家进行鉴定的。通常专家会仔细观察艺术品，试图研究创作者的手法，然后，鉴定专家会根据自己的专业知识和经验提出主观意见。这种鉴定系统的明显缺点在于其主观性，因为哪怕是专家，也不可能完全正确，并且他们一直存在偏见，也有腐败和寻租的可能性。对于鉴定一幅价值连城的艺术品来说，玩点花样并不难。

高端艺术品界也存在圈子文化，如果这个圈子不想让你加入，日子就不会好过。举个例子，73 岁的卡车司机泰瑞·霍顿（Teri Horton）在一家旧货店花 5 美元买了一幅画。2006 年的纪录片《杰克逊·波洛克是谁》（*Who the #$&% is Jackson Pollock*）描述了这段杰克逊·波洛克画作的艺术品之旅。不过，由于出处记录和所有权链不完整，鉴定专家宣布这幅画是赝品。的确，基于这幅画的购买场景，多数人可能都会持怀疑态度。但是，后来泰瑞·霍顿请了一位法医，在画布背面发现了一个指纹，这个指纹与知名艺术家杰克逊·波洛克工作室的一个油漆罐上的指纹完全吻合，也与杰克逊·波洛克其他真品画作上的指纹匹配。最重要的是，根据气相色谱分析，这位卡车司机收藏的画作上的油漆成分与杰克逊·波洛克工作室地板上的油漆成分完全一致。然而，尽管有科学证据，艺术品鉴定专家至今仍坚持当初的结论，其中一名专家宣称，这幅画"不符合波洛克的风格"。

令人惊讶的是，艺术品界高达数十亿美元的作品价值都依赖于"鉴定专家"。很难搞清楚目前市场上还有多少被专家鉴定为"真品"的赝品。

出处记录问题

鉴定艺术品的要素之一，是寻访它们的出处记录和历史。如上文所述，出处证明是指从当前艺术品所有者追溯到创作作品的艺术家的所有权链文件。很多时候，艺术赝品往往是"新发现的"，没有或几乎没有出处证明。在其他时候，就像前面的一些例子一样，出处完全是编造的虚假记录。

更令人痛心的是，持有赝品的骗子一直在泰特美术馆、维多利亚和艾尔伯特博物馆、英国文化委员会等著名机构的档案中插入伪造的出处证明。就绘画类艺术品而言，甚至都无法验证部分知名档案馆是否包含虚假的艺术品出处证明。此外，一些伪造者甚至把假的目录混入博物馆和图书馆中。

在艺术品鉴定这一块，艺术品界经常劣迹斑斑，并且这种情况还在继续。艺术品买卖通常涉及非常高的金额，有时达到上亿美元，这种不良现状就让人十分担忧了。那么，通过什么方法可以令这些艺术品信得过呢？

收藏品/纪念品面临的问题

根据估算，全球收藏品市场规模约为 3 700 亿美元，包括体育卡纪念品、古董、漫画书、硬币、邮票，当然还包括豆豆娃等其他类型的收藏品。收藏品市场上的赝品同艺术品界一样猖獗。网上售卖的古董中，可能有 80% 是盗抢来的，或者是赝品。20 年前（也许直到现在还这样），美国市场上出售的体育类纪念品中有 90% 是假货，美国联邦调查局以前甚至举行过关于豆豆娃赝品市场的专项打击行动。

赝品

收藏品市场充斥着各类赝品，下面的案例只是沧海一粟。

签名伪造

20 世纪 90 年代，美国联邦调查局在"Bullpen 特别行动"中，潜入全美的收藏品造假市场，对几个造假团伙和参与伪造各类体育和名人纪念品签名的犯罪分子及合作对象进行了打击。据估计，每年伪造的纪念品价值超过 1 亿美元，此项行动取得了以下成果：

（1）63 项指控和定罪。

（2）缴获价值超 490 万美元的假冒藏品。

（3）捣毁 18 个造假团伙。

（4）向 1 000 多名受害者支付了超过 30 万美元的赔偿金。

（5）通过 75 张搜查令和 100 多份卧底证据，查获数万件假冒收藏品，避免经济损失达 1 525.3 万美元。

在 Bullpen 特别行动中，格雷格·马里诺（Greg Marino）被定罪，格雷格同时也是电影《造假者》（*The Counterfeiter*）的主角，被称为全世界最厉害的造假者。格雷格参与了包括贝比·鲁斯、米奇·曼特尔、泰·科布，到阿尔伯特·爱因斯坦，再到阿尔弗雷德·希区柯克……甚至还有亚伯拉罕·林肯在内的许多名人藏品的造假行动，他每天伪造的赝品高达数百件。哪怕是这样，他也只是众多造假者中的一个。

自 Bullpen 特别行动以来，收藏品界开始实施认证程序，也就是"认证人"将见证收藏品并签名，在收藏品上贴上"认证"标签，或提供其他形式的"认证"证书。尽管如此，假冒认证标签和证书与假冒收藏品还是开始成对出现，类似于画作等艺术品出处证明的伪造。

我（马特）有一位朋友叫巴尼。过去巴尼常常参加棒球卡大会，收集球员签名。通常，球员会在 10 美元左右的棒球上签名。巴尼为我要到了知名棒球明星泰德·威廉姆斯、多姆·迪马吉奥、吉姆·赖斯、卡尔·雅泽姆斯基等人的签名，尽管这些棒球并没有

"认证"标签，但我完全信任巴尼，因为我们是一起长大的伙伴。

签名分析专家可以很容易地鉴别一个不够精细的赝品，但如果是格雷格·马里诺这样能把赝品做得很高明的情况呢？签名分析也许确实比艺术鉴赏更科学，但谁又能从根本上确认签名收藏品的真实性呢？

收藏卡伪造

除了将多个签名造假者绳之以法，Bullpen 特别行动还捣毁了两个收藏卡的造假团伙。

《纽约每日新闻报》记者迈克尔·奥基夫（Michael O'Keefe）和泰瑞·汤普森（Teri Thompson）所著的《卡片：收藏家、骗子和历史上最受欢迎的棒球卡的真实故事》（*The Card：Collectors，Con Men，and the True Story of History's Most Desired Baseball Card*）一书，以知名收藏卡造假事件为主题，讲述了 1909 年的 "T206 Honus Wagner" 卡（世界上最值钱的棒球卡之一）的造假故事。该棒球卡全世界总共只有 50 张，其中大多数已经有存放超过一个世纪的岁月痕迹。奇妙的是，居然有一张边角比较尖锐的棒球卡，似乎经住了岁月的洗礼，这张卡在 2007 年拍卖价格高达 280 万美元。真实情况是，有个体育纪念品经销商擅自修剪了卡片边缘，使这张卡看起来保存完好，直到大家发现有人篡改了卡片。

近期，篡改体育收藏卡的行为，也引起了美国联邦调查局的注意，美国联邦调查局发现市面上有数百张总售价约为 140 万美元的卡片，被"卡片医生"用各种方式加以修饰。

此次调查还涉及最大的体育收藏卡评级公司——专业体育鉴定公司，收藏家会依靠它的评级来鉴定卡片的状况，这家公司对收藏卡的市场价值有很大影响，而这家公司目前陷入一起集体诉讼案，成为被告。

赛场纪念品伪造

伪造比赛专用的球衣和设备，是收藏品市场上另一个猖獗的欺诈领域。2012 年，一名佛罗里达州的男子将仿制运动衫冒充为比赛专用运动衫，被判为诈骗罪。通过在运动衫上添加补丁和其他标记，使赝品看起来像赛场上用过的真品。

2018 年，美式橄榄球（纽约巨人队）的球星伊莱·曼宁遇到了一起民事诉讼，诉讼称曼宁将非比赛用头盔，冒充为比赛专用头盔。比赛专用的球衣和头盔具备独特的稀缺性和历史意义，价值明显更高。知名收藏品公司史坦纳体育找曼宁签订了一份供给合同，需要在每个赛季结束时，提供两个他在比赛中使用过的头盔用于公开销售。然而，在与史坦纳体育签订了合同之后，曼宁发了一封邮件给球队的装备经理，让他给史坦纳优育两个"用于比赛的"普通头盔而非他在比赛中使用过的头盔。但这两者之间的价格以及收藏价值可谓是天壤之别。

品相退化

随着时间的推移，许多收藏品由于被腐蚀和氧化而导致品相退化。特别是对于体育收藏卡和漫画书这样的藏品，专业机构会对其品相进行评级。紫外线、湿度、氧化都会对收藏品产生不利影响，更别提那些对收藏品的错误保存方法或偶然导致品相受损的事故。尽管有一些方法可以提供保护，减缓品相退化过程，但市场上极少有收藏品被发现的时候仍是原始状态。

收藏品的品相退化也会导致价值下降。

NFT 之前的数字艺术

如前文所述，数字艺术是以数字媒介为载体的艺术，如图像或视频等。不过令人沮丧的是，正如之前的音乐行业一样，数字版本的文件可以在网络空间中被随意复制、传输，并且不会影响音质和画质。经过多年摸索，音乐行业发明了数字版权管理（DRM）技术，以降低数字格式（主要是 MP3）的歌曲被任意复制的版权问题。像 Spotify（声田）这样的流媒体应用，使用了新的版税形式，从而使得这些音乐传播技术可以获得利润。

大型视觉（如图片、视频）公司也在积极尝试保护归属于自己目录中的作品，公司主体可以利用软件爬虫去监控网络，搜寻客户目录中的图片。如果一位博主在网站上传了没有获得版权许可的图片，就可能会收到来自上述公司的电子邮件，要求其支付版权费。我们无法确定发邮件的效果，一些人也许会付款，而更多人可能只会删除违规使用的图片。

但是数字艺术家和企业不同，他们中的多数人都是独立创作者，无法像公司一样在互联网上行使版权声明，因为这种操作对个人来说是个非常困难的任务。而且，如果所有人都可以轻易复制、分享数字艺术品，创作者如何能将数字艺术品销售出去？谁会买呢？尽管有人觉得，数字艺术家可以把作品打印出来销售。但这就不是原本的数字艺术了，况且要面对的是充满更多欺诈的传统艺术世界，等于从一个坑跳到另一个坑。

NFT 的真正优势

NFT 解决了困扰传统艺术品和收藏品的主要问题：真实性和出处证明，除此之外，还具备一些其他优势。

真实性

NFT 不需要像传统艺术品那样的鉴定专家，通过研究艺术家手迹来鉴别某件作品的真伪，NFT 的真实性是由区块链验证的。

如前所述，NFT 具备智能合约属性，每个智能合约就像区块链钱包一样，都有自己的地址。基于以太坊 NFT 的智能合约，具有一个 42 个字符的链上地址。任何人都能在区块链浏览器的搜索栏中输入某个 NFT 的地址，看到该 NFT 的智能合约。此外，区块链浏览器还可以显示 NFT 的发起者地址。如果智能合约地址与艺术家（或其他已知创作者）的地址相匹配，则该 NFT 为真品，如果不匹配，就是赝品。就这么简单，没有任何其他不确定因素，没有"鉴定专家"，也没有花言巧语般的鉴定言辞。

在类似于 OpenSea 这样的 NFT 交易平台上，用户也可以验证 NFT 的创作者到底是谁，在 NFT 页面上，可以看到交易历史和 NFT 的创作者。如果是经过核实的创作者名称和地址，那么该 NFT 为真。

出处证明

NFT 本身具备出处证明属性，也就是从创作者到当前 NFT 所有者的所有权链。事实上，所有权链正是区块链验证的基础，该特性适用于所有加密货币。正如我们在第 2 章所讨论的，区块链上的每笔交易都必须经过验证。我们详细解释一下具体的验证过程。

区块链是一个去中心化网络，不存在中心化管理机构（见图 3.1）。全球不同地区的各个计算机上有多个（甚至上千个）区块链（所有交易的数据列表）副本。

区块链的每个副本，均由不同的人或团队维护。网络中的所有计算机都被称为节点，所有节点都通过去中心化的点对点网络，不断同步信息，保持交易数据的完整性。

无论是通过工作量证明（PoW）还是权益证明（PoS），矿工

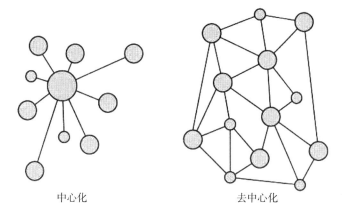

中心化 　　　　　　　　　去中心化

图3.1　中心化系统和去中心化系统

或验证者（validator）都可以赢取在区块中验证交易的权利（这部分会在本章后面详细解释）。验证者必须确定加密货币的发送方地址是否实际具备要发送的加密货币数量，这个过程通过向上追溯来完成，也就是追溯准备发送加密货币的地址。这个地址的加密货币是从钱包 B 收到的，钱包 B 的加密货币是从钱包 C 收到的，钱包 C 的加密货币是从钱包 D 收到的，以此类推，这实际上是进行交易验证，一直到区块链的第一个区块（创世区块）。

　　同样，NFT 的每个所有者（创作者、曾经的所有者和当前的所有者）和所有的交易都会记录在区块链上。因此，每当在区块链浏览器中搜索某个 NFT 的地址，或在市场上验证交易历史时，都可以看到 NFT 的创作者、曾经持有该 NFT 的所有者，以及每笔交易的日期和以加密货币计价的售价。一旦交易在区块链上被确认，就无法被篡改，这与区块链的性质一样，提供了一个铁证如山的所有权链。

持久保存

区块链技术，还给 NFT 提供了持久保存的属性。与实物收藏品不同，NFT 的品相不会随着时间的流逝而退化，也不会被意外损伤破坏。理论上 NFT 可以永远保持初始状态。

不过，与实物艺术品和收藏品类似，NFT 的所有者可以主观故意永久销毁手里的 NFT，销毁过程在加密领域被称为燃烧（burn）。为什么有人会销毁拥有的艺术品？原因可能有很多，我们需要了解的是，销毁 NFT 的行为是可行的。

稀缺性

倘若我们可以复制钱包里的比特币，就能拥有双倍数量的比特币了，这听起来是件美事。不过，这显然是不可能的。因为无论是比特币还是任何其他加密货币，乃至世界上所有的法定货币，如果人们可以任意复制它，货币就不具备意义了。我（马特）清晰记得，以前在一家商场的投币游戏厅里，一个孩子把复印的美元放进找零机，想要换取真正的美元硬币，结果警察对他进行了严肃教育。为了维护货币的法律地位，制造假币的行为理应受罚。

正如比特币和任何其他加密货币都是无法被复制的，NFT 也是一样，因为 NFT 也是加密货币的一种，只是由于其非同质化的属性，供应量为 1。区块链技术可以保证 NFT 的稀缺性和真实性。

这样一来，艺术家就可以出售数字艺术品，而不必担心未授权作品或赝品在市场上横行。NFT 为数字艺术家和数字艺术品创作者开辟了一个史无前例的全新市场，这个市场价值无限。

属于创作者的持续版税收益

当艺术家卖掉一幅画时，他得到的只是出售这幅画的一次性收入。倘若画作之后被卖给下一个买家，这时候的售价可能是原始售价的 10 倍、100 倍，或者更多，但艺术家和这些售价再无瓜葛。艺术家无法获得持续的版税，除了创作新作品再卖，艺术家无法从自己的作品增值中获利。

NFT 的好处在于，除了为数字艺术开创全新的市场，还可以帮创作者获取持续的作品版税，创作者可以获得自己原创作品未来销售额的一部分，并且创作者不需要为之后的作品流转开具发票，也不需要持续跟买家要钱，或等好几个月才能收到这笔钱，版税会自动打到创作者的加密钱包中。

请注意，NFT 作品只有在其被创建的 NFT 市场或平台上出售时，才能保证创作者获得持续版税。如果 NFT 在不同的市场或平台上出售，创作者可能不会获得持续的版税。

去中心化系统的优势

NFT 以区块链技术为基础，被区块链的去中心化系统的本质优势所加持。

无单点故障

中心化系统通常包括单个数据库和验证过程，通过单个位置或中心化机构运行。拿银行举例子，尽管银行分支机构遍布各地，但是它们依赖一个集中系统，一家银行控制自己的数据库并验证所有账户的交易。

中心化系统在出现漏洞或遭到黑客攻击时会出现较大问题。如果发生这种情况，黑客能够窃取数据库中的所有记录，包括高度敏感的数据，甚至有可能篡改数据记录。2019 年，Capital One（美国第一资本金融公司）数据库遭到入侵，超过 1 亿人的数据被窃取。主要问题在于，黑客只需要攻击单点，就能进入整个数据库。

在去中心化系统中，攻击者无法通过攻击单独某个节点进入数据库并进行篡改。倘若攻击者进入一个比特币节点，试图篡改交易记录，其他节点将识别该异常行为，会被比特币网络的其他部分拒绝。

不存在中心化管理机构

中心化管理机构，例如银行，可以完全控制并管理数据库。此外，银行对交易也有绝对决策权。例如，可能存在这样的现象：客户存入一张支票，支票会被搁置一段时间，搁置多久完全由银行来决定。客户无法自己决定什么时候可以拿出这笔钱。

如上文所述，在去中心化的系统中，不存在中心化管理机构。所有交易都以相同的方式验证和处理，用户不会受到管理机构变化无常的影响。更重要的是，用户实际上可以百分百控制自己的资金，只要你保护好自己的加密钱包和密钥，没有被黑客恶意攻击，其他人就无法动用你的加密钱包资产。

交易无须信任

古时候的交易主要是以物易物，人们用一些货物交换其他种类的货物，因为以物易物是实时进行的交换行为，所有人都可以在交易之前检查对方的货物。

后来，自从货币被发明，"信任"逐步进入人们的生活。只要是用货币购买商品，交易方式基本相同，大家用现金（或任何其他种类货币）来购买货物。现在，卖家需要考量货币是否为真币，货币要具备价值。

至于货币是不是真币，买家的货币真伪必须经过卖家的信任，也就是说，卖家必须有能力检测货币的真伪，还需要官方机构对货币造假进行立法和打击，以阻止货币造假的行为。从货币"信任"的这个角度，交易中引入第三方，即管理机构。

商业的发展带来了远程交易的逐步普及。这时就需要一个或多个受信任的中介机构来扮演支付领域的重要角色。很久以前，受信任的中介机构是信使，资金由信使亲自送达。现在，受信任的中介机构已由高科技的银行系统代替。例如，如果你开一张银行支票并邮寄给我，我会把支票交给银行，然后我这边的银行会把这张支票与你开支票的银行进行核对，确认你账户中的资金是否足以支付这张支票。如果验证通过，资金将从你的银行转入我的银行，最后我这边的银行会把这笔钱记入我的账户。

今天我们在网上购物时，这种受信任的中介机构可以是信用卡公司、处理信用卡交易的银行，以及卖家的开户银行。

受信任的中介机构面临的潜在问题是，我们信任这些中介机构，但信任有时候会被这些机构滥用。

继续以银行为例，银行虽然收取了金融交易费用，但也具备犯错的可能性。许多错误是处理数据的错误，这会导致客户账户中的资金数额有误，误批未授权交易，收取本不该收取的额外费用。

在知名策略游戏大富翁（Monopoly）中，如果抽到游戏中的幸运卡，卡上可能写着"银行错误对你有利，可以获取 200 美元"。不过游戏毕竟是游戏，如果此类情况在现实中发生，由于银行的错误使某人获得了额外的资金，但某人没有通知银行，就可能会被抓入监狱。

还有 2016 年富国银行的丑闻。由于银行高管对员工施压，要求员工增加销售额和营收，于是，这些富国银行的员工就在客户不知情的情况下，私自为客户创建了数以百万计的新账户，导致客户莫名为自己不需要的服务支付了费用。

储户存在银行的钱安全吗？在某些准备金制度下，银行可以把储户的大部分资金贷出去，保留一小部分来应对客户取款，通常这样的操作没问题。但是，如果大量客户同时来银行取款，就可能造成银行挤兑。为了防止银行挤兑，储户会被限制取款数量和频率。

当这种现象涉及主流银行巨头时，我们经常听到"大而不倒"（too big to fail）的说法，但不能倒闭是因为政府会对大银行发起救助。未来也还会有与 2008 年类似的金融危机爆发，那时候的银行还会大而不倒吗？美国联邦存款保险公司（FDIC）会为储户提供最高 25 万美元的保险。根据保险的保障条款，需要多长时间才能收到赔偿金是未知的，如果客户在银行的储蓄金额超过 25 万美元，基本只能听天由命，超过的金额很可能要自担损失了。银行只是用储户的钱来维持自己的生意运作，2013 年，Cypress 银行的储户，就损失了很大一部分存款。

在美国，银行账户中的资金也可能会被冻结甚至被扣押。哪怕储户没有做错什么，银行也可以随意冻结储户账户，只要宣布储户的金融活动是"可疑的"。

鉴于此，储户对存在银行的资金到底有多大的控制权呢？这里并不是故意要给银行挑毛病，银行的确提供了有价值的服务，让我们的经济得以运转，我们只是指出与绝对中心化系统有关的潜在问题。

想象一下不需要中介就可以进行远程交易的场景。例如，我可以直接从区块链上，给你转账加密货币。因为有这种机制在，大家不需要相互信任，甚至不必与任何中介打交道。虽然也有链上的验证者需要对区块链的交易进行处理，但这都是按照区块链中既定的规则和协议，通过代码和编程的方式完成的，无法进行人为干预。这种模式听起来或许很简单，但是，不需要银行、金融中介，就可以进行资金往来，确实是一个很大的突破。

除此之外，用户可以完全控制链上钱包中的资金，不会受到烦琐规则的约束，大部分时候不产生额外费用，也不会受到潜在操作错误的影响（除非是用户自己的人为错误）；资金具备百分之百的可用性（不受储备金限制或遭遇银行挤兑）；不会被轻易冻结或者扣押……只要用户能完全控制自己的钱包，并确保钱包的密钥安全，这些资金就会永远属于你。本书第 6 章将讨论加密钱包安全相关的内容。

一个值得关注的问题是，如果想 100% 保障加密货币和其他加密资产（如 NFT）的安全，这些数字资产就必须存放在一个独立的钱包中，而不能存放在加密货币交易所的钱包中。例如，如果把 ETH 存在 Coinbase① 钱包里，那就和把钱放在银行里没什么不同。

另一个值得关注的问题是，加密货币可能会受到各国政府的监管或禁令。许多国家和地区已经禁止各种类型的加密货币交易，如土耳其、玻利维亚和尼泊尔等。

速度

例如，有人想从意大利寄钱到美国，可以邮寄一张支票，这需要一些时间，当然，等待支票结清还需要一些时间（时间长度

---

① 一家美国的加密货币交易所。——编者注

可能是几天甚至几周）。还有一个更快捷的方法是通过国际资金清算系统（SWIFT），利用电汇进行银行转账。SWIFT 是由全世界 11 000多家银行和金融机构组成的网络，国际电汇平均需要两个或更多的工作日来完成。既然都是电子化，为什么国际电汇这么慢？这笔钱是要在大西洋上航行吗？不仅如此，SWIFT 还会收取一笔可观的国际电汇手续费。

不过，在意大利的用户却可以将加密货币即时转入位于美国的用户账户。确切速度取决于几个因素，如加密货币的种类、区块链网络拥堵程度（与交易量有关），以及某些情况下需要支付的手续费（gas fee），我们将在本章后面详细介绍手续费。

通常加密货币交易需要几秒或几分钟的时间，有时部分实体需要更长的时间来进行最终的交易确认。例如，Coinbase 交易所在确认比特币交易的最终结果前需要进行 3 次确认。这里的确认，是指自交易开始后添加到区块链上的区块数量，添加的区块越多，交易就越安全。由于比特币区块大约每 10 分钟就会被添加到链上，所以发送到 Coinbase 交易所的比特币交易，等待时间约为半小时。

成本

区块链的交易成本很大程度上会低于国际电汇费用。基于比特币技术的莱特币，手续费非常低。不过，最近以太坊的手续费一直在持续上升，有时手续费会过高，这是因为以太坊越来越受欢迎，应用场景不断增加（有一部分原因是以太坊的 NFT 业务繁荣）。区块链上需要处理的交易越多，需求越大，手续费也会越高。以太坊的手续费和其他加密货币的相关费用都归区块链上的验证者，也就是那些运行处理交易过程节点的验证者。

匿名性

许多人夸赞区块链的匿名性，因为人们在区块链上是用链上地址，而不是名字或其他可以进行识别的交易信息，所以大家看起来都是匿名的。但真实情况是这样吗？区块链是个公开账本，所有人都可以看到上面的一切交易，以及任何特定地址持有加密资产的数量。例如，一个以太坊的链上地址，所有人都可以查看该地址持有的加密资产情况，以及该地址收到和发出的代币的具体数量和精确的交易时间。用户的加密地址包含在加密钱包中，钱包是可以让用户安全地存储、发送和接收加密货币和 NFT 的应用程序。本书将会在第 6 章中详细介绍加密钱包，指导你如何创建一个加密钱包。

通过区块链浏览器可以搜索交易明细和地址。区块链浏览器通常以网站的形式存在，可以检索特定的交易和地址，查看与区块链有关的各类实时数据。例如，以太坊的 Etherscan（etherscan. io）和 Ethplorer（ethplorer.io）就是典型的区块链浏览器。只要在搜索栏中输入链上地址或交易哈希值（ID）就可以进行查询，因此，如果有人知道你的某个特定的链上地址，那么他就可以知道你持有的所有资产类目和交易历史（只针对单一的地址）。

如果你在 Coinbase 交易所购买加密货币，交易所会知道你的真实身份，任何源自交易所的交易都可以追溯到精确的个体。例如，如果你在 Coinbase 上购买 ETH，将其发送到 MetaMask 钱包，转换为 WETH①，如果你又用 WETH 在 OpenSea 平台购买 NFT，所有交易都可以追溯到你在 Coinbase 上的原始记录。然后，Coinbase（以及所有与 Coinbase 共享此类信息的机构）将知道是谁进行了这些交易，拥有 NFT 的是谁。这个过程听起来不是匿名的，我们会在第 7 章详细讲解。

通货膨胀限制

各个国家和地区的政府与其央行一起，负责维护货币的价值，这是央行的责任。一些法定货币的币值锚定黄金、白银或其他商品，美元则是由美国政府的信用背书。美元是美国的法定货币，虽然它没有锚定商品或贵金属，但是与其他法定货币一样，通过印刷更多的钱，美元的供应量可以不断增加，供应量增加会降低美元的实际价值，造成通货膨胀。纵观历史，确实存在过度印钞而导致恶性通货膨胀的例子，如魏玛共和国②和津巴布韦，这些地方的货币几乎完全没有价值（见图 3.2）。

与法定货币相比，多数加密货币的供应量是有限的。这种限制，被定义在创建加密货币的初始程序代码中，无法被改变。例如，比特币的最大供应量是 2 100 万个，一旦总供应量达到这个数，就不会再铸造新的了。截至 2021 年 9 月，比特币的供应

①　一种符合 ERC 20 标准的以太坊代币，与 ETH 可以 1∶1 互换。——编者注
②　指 1918—1933 年采用共和宪政政治体制的德国。——译者注

图3.2 面值100万亿的津巴布韦纸币

量约为1 869万个，每次验证者通过算力解决相关数学难题并创建新区块后，就会得到一个奖励，即区块奖励。目前的区块奖励是6.25个比特币，大约每挖出21万个区块（大约4年时间），区块奖励就会减半。据估计，比特币要到2140年才会达到最大供应量。

　　并非所有加密货币都有最大供应量，第二大主流加密货币ETH就是一个例子，ETH并没有供应量的上限。目前每创建一个以太区块，就有2个ETH被添加到以太坊整体的流通供应中，截至2021年9月，ETH的流通供应量约为1.156亿个。由于市场对以太坊的需求不断上升，特别是与NFT和其他应用层具有强关联，因此通货膨胀带来的影响并没有那么大，其他尚未达到最大供应量的加密货币也是如此。当然，一旦这些加密货币达到最大供应量，通货膨胀就不会发生了。主要的启示是，加密货币的价值，很难像部分地区的法定货币那样，被管理机构的货币政策所左右。从技术上讲，每种NFT都是供应量为1的加密货币，这也是它们的最大供应量，除了前文提到的多代币NFT。

并非十全十美的 NFT

鉴于 NFT 相较于传统艺术品、收藏品的明显优势，NFT 将继续发展，因为 NFT 为验证真实性和所有权提供了一个不错的媒介载体。尽管有人认为 NFT 是一种完美无瑕的解决方案，但实际上，NFT 也存在如下缺点。

手续费

NFT 手续费对应的英文直译是"汽油费"，但我们不是在说给汽车加油时的油费。这里说的是以太坊上的手续费。以太坊上的手续费在 NFT 市场最热的时候不断增加，涨幅快刹不住了。

手续费是支付给以太坊上处理交易的验证者的。某项交易所需的手续费主要基于两个因素。影响手续费的第一个因素是交易类型。更确切地说，手续费与执行操作需要的计算能力有关，如果是简单的加密货币转移，如 ETH 或另一种加密货币的转移，或者将 NFT 从一个钱包转移到另一个钱包，那么手续费就会较低。但是，如果要在以太坊中部署一个冗长的智能合约，那么手续费会大幅增加。

影响手续费的第二个因素是实时网络容量（有时被称为网络堵塞）。因为区块链上流量越大，需求越多，手续费就越高，有点像网约车 App 在交通繁忙时期的动态加价。由于加密货币重回牛市，也因为大家对 NFT 的兴趣越来越大，支持 NFT 的主要网络之一——以太坊的交易量一直在上升。在加密货币牛市，便宜的手续费就会很少见。

不过，以太坊上的交易量并没有以稳定的速度持续上升。以太坊上的交易量每分钟、每一秒都在波动，因此手续费也在不断变化。某一天，某笔交易的手续费可能是 30 美元，而就在一天后，它可能是 60 美元，甚至更高。

你也有选择手续费水平的余地，这取决于你从哪里发起交易。例如，如果你从 MetaMask 钱包发送加密货币（我们将在第 7 章详细介绍），你可以选择一个与所需交易速度相对应的手续费级别。慢速、平均或快速（见图 3.3）。请注意，验证者将优先考虑你所选定的交易类型。

	慢速	平均	快速
手续费：	0.007 94 ETH $32.93	0.008 61 ETH $35.72	0.009 05 ETH $37.55

图 3.3　MetaMask 钱包里的手续费选项

验证者将根据其各自的手续费来确定交易的优先次序。如果选择慢速，可能需要等待几个小时。

即使用户可以选择交易时间的快慢，也很难保证交易需要的具体时间。如果你选择"快速"，交易可能会相对快速完成。倘若选择"平均"，交易也需要几分钟。但在交易发起和确认之间，手续费可能已经上涨了。在这种情况下，选择"平均"，可能手续费会稍微低一些，但是预期的交易确认时间可能会长很多。

希望未来的以太坊高手续费的日子可以结束，目前以太坊正在进行升级，这被称为以太坊2.0，这次升级的目标之一是要大幅降低手续费。至于其他改进，以太坊官网（Ethereum.org）的描述为：

> 以太坊2.0是指一组相互关联的升级，目标是让以太坊具备更优的可扩展性，更加安全，更具可持续性。目前各个来自以太坊生态系统的团队在共同构建这套升级系统。

以太坊以外的其他区块链

以太坊并不是唯一支持 NFT 的区块链，其他可以支持 NFT 的知名区块链还有 WAX 链、FLOW 链、Tron 链和 Binance 智能链等。与以太坊的手续费相比，这些区块链的手续费要低很多，这也是这些区块链越来越受欢迎的原因。

这些区块链的手续费较低的原因是，这些公链使用了资源密集度较低的方法来进行交易验证。以太坊和比特币区块链使用工作量证明，这就意味着，验证者会争先恐后地来解决复杂的密码学和数学难题（这也是它们被称为加密货币的原因）。解决难题的验证者，会赢得验证最新交易区块的机会，并获得区块奖励。解决这些密码学难题需要处理大量计算的能力（即算力，我们把它称为哈希值），哈希值越高，解出谜题的概率就越高。此外，谜题难度会随着网络上哈希值总量的增加而增加，这就需要更多的哈希值来解决。难度增加是为了保持区块之间大约 10 分钟的时间段。

我们前面提到的以太坊之外的区块链使用权益证明来确定谁能进行区块验证。也就是说，验证者拥有的加密货币越多，被选中去验证区块的机会就越大。权益证明不需要解决密码学难题，所以就不需要浪费算力，手续费会明显降低。在以太坊 2.0 中，以太坊计划从工作量证明改为权益证明，这会大大降低以太坊的手续费。

侧链

另一种降低手续费的方法是通过侧链（sidechain）铸造，侧链是独立的区块链，与主区块链相连。侧链允许加密货币在二级区块链上存放，必要时，可以将加密货币再移回主链。例如，在一个特定的 NFT 市场，可以在侧链免费铸造多个 NFT，只有当你出售或转让 NFT 时，将 NFT 发送到以太坊上，才会被收取手续费。

尽管当前手续费高昂可能是一个问题，但已经开始有了降低手续费的措施，而且如果是利用权益证明，手续费就会大大降低，当以太坊成功切换到权益证明时，高额的手续费可能会成为过去式。

NFT 的内容存储

假设你买了一个自己喜欢的数字艺术 NFT，你买的是这个

NFT 的内容，也就是一个很酷的抽象视频艺术品。区块链确认了 NFT 是由艺术家创造的真品，而且现在你拥有这个 NFT，但是，这个 NFT 存储在什么地方？更重要的是，它的安全性到底如何？

我们知道 NFT 是在区块链上的，但 NFT 的内容不是，也就是说，只要区块链一直存在，NFT 就是永久的，但 NFT 的内容不一定也在区块链上。正如第 2 章所提到的，NFT 内容的链下存储主要有两个解决方案：一个是传统的云存储解决方案；另一个是 IPFS。

IPFS 是首选的 NFT 内容存储解决方案，因为它是去中心化的，也就是内容可以被存储在多个地点，只要 IPFS 的运行网络可以一直运行（目前种种迹象表明它可以），NFT 内容就是安全的。其他去中心化的存储解决方案也在涌现，如 Arweave。

像 AWS 和谷歌云这样的传统云存储提供商，也可以提供解决方案，只要一直给它们支付费用，NFT 内容就会被托管。也就是说，如果 NFT 是在主流平台上铸造的，内容存储可能就不会成为什么大问题，但是，平台总会有倒闭的可能性，如果这样的话，你的 NFT 内容会变成什么呢？

如果某个艺术家自己铸造一个 NFT，这个 NFT 的内容没有被放在某个公开的平台上，而是被存储在一个私有服务器上，如果该服务器停止运行，NFT 内容就会被破坏。

这种情况就违背了前文提到的区块链不需要第三方中介的优势。区块链被发明的重要基础就是可以提供无信任的点对点交易。但是，因为 NFT 的内容不在区块链上，必须依靠第三方来存储和保存其内容，所以 NFT 并不是真正的区块链资产，尽管 IPFS 这样的去中心化解决方案具备类似于区块链的去中心化属性，但市场上还是存在集中化存储文件的形式（因为成本更低、更容易存储），而不是在 IPFS 节点存储。

一些 NFT 提供额外的可解锁内容，也成为一个问题。以 OpenSea 为例，只可以将文本作为 NFT 的可解锁内容，图像或视频文件是不行的。因此，如果在 OpenSea 上铸造的 NFT 有一个图像或视频作为该 NFT 的可解锁内容，那么创作者必须提供某个图像或视频的链接，图像或视频会被托管在互联网的某个地方，通常大多数数字艺术家很少使用受信任的云存储提供商或 IPFS。这些图像或视频很可能被存储在一些网站或者多宝箱（Dropbox）上。但是，如果艺术家不再维护网站，或不再继续运行自己的多宝箱账户，那么，图像或视频就会消失。

冒名诈骗者

与社会上的惯用诈骗手段——假冒官方管理员类似，骗子也会假冒某个 NFT 艺术家或者其他源头。在市场上，最重要的是要确保所购买的 NFT 是经过官方验证的，官方验证通常是一个蓝色的检查标记（在 OpenSea 平台上）或者其他平台的类似标记。这里存在的问题是，用户依靠的还是一个受信任的第三方机构，不过这也不一定就是个负面因素，只是因为必须依赖于受信任的第三方，前文讨论的区块链不需要第三方机构的主要优势似乎就消失了。不过，验证标记并不是完美的解决方案，因为官方验证也可能会犯错，或者官方也可能受到假冒者的欺骗。此外，那些不在平台上的 NFT 创作者的作品如何被验证呢？即使证明了 NFT 来源的真实性，仍需要确保其声明的真实来源就是真实的创作者。

额外复制的非孤品 NFT

前面提到 NFT 通常是独一无二的，这也是 NFT 具备价值的重要驱动力之一。如果某位 NFT 创作者做了另一个和原版一模一样的 NFT 呢？名称和描述都一样呢？比方说，如果你购买了一个声称独一无二的 NFT 艺术品，心情会很好。结果第二天你看到市场上出现了一个相同的 NFT，来自同一个创作者，也许就不会那么高兴了。本以为自己会拥有独一无二的收藏品，但实际上并不是。如果早知是这么回事，可能当初根本就不会掏钱。

一些知名人士的 NFT，如美国橄榄球明星罗布·格隆考斯基的"职业生涯闪光时刻卡（1-of-1）" NFT，这个 NFT 在说明中说："限量 1 个，不会再铸造了。"我们会相信超级球星和他的团队发行的 NFT。但如果是一些小众艺术家呢？如果他们先声称自己的 NFT 是限量且唯一的，然后再创造另一个一模一样的呢？这就是一种欺诈行为。市场很可能会出现这么做的艺术家，消费者可能认为自己购买的 NFT 是唯一的，但实际上并不是。

NFT 额外福利的交付问题

一些 NFT 包含额外的福利，如上面提到的罗布·格隆考斯基"职业生涯闪光时刻卡（1-of-1）"NFT。我们相信格隆考斯基以及发行此款 NFT 的公司，会兑现这些福利。但是，如果 NFT 创作者没有兑现 NFT 标明的额外福利，作为买家又该如何呢？也许买家可以向出售 NFT 的市场举报，但遗憾的是，交易市场除了可以对该 NFT 创作者进行封号，也没有其他办法。

这方面存在的潜在问题是，NFT 在说明中所附带的实体物品和福利，很多都只是营销策略，主要目的是增加 NFT 的价值。虽然附加在 NFT 上的部分实体物品和福利，也是 NFT 价值的主要驱动力，但前提是买家必须信任 NFT 的创作者会按照说明履约。这种情况就会使区块链资产的主要优势——可信交易荡然无存。

环境影响

正如在"手续费"部分所讨论的，2021 年，以太坊（最受 NFT 项目欢迎的区块链）上的交易使用的还是工作量证明机制，而工作量证明需要极大的算力，这意味着大量电力会被消耗（见图 3.4）。

如果把比特币的能耗量与国家的能耗量相比，比特币的能耗量介于乌克兰和阿根廷这两个国家的能耗量之间。以太坊的能耗水平则更类似于厄瓜多尔。如何理解 NFT 的能耗？首先，

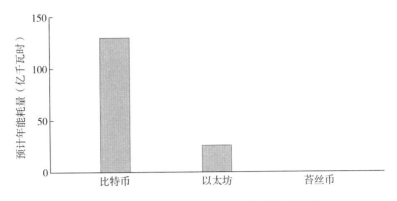

图3.4　比特币、以太坊和苔丝币年能耗量估计

NFT能耗几乎与比特币无关；其次，根据估计，NFT的能耗约占以太坊上交易的1%，1%听起来似乎是一个比较高的数字，但并非如此。每笔以太坊交易的平均电量为48千瓦时，略少于制作一件T恤所需的电量。

以太坊之外其他支持NFT的区块链，如WAX链和苔丝币使用的Tezos链，使用权益证明消耗的电量比使用工作量证明低99%。所以，尽管比特币、以太坊和其他工作量证明的区块链会消耗大量能源，可能会对环境产生负面影响，但NFT只占这些能耗的很小一部分。此外，以太坊将转换为权益证明，到了那个时候，几乎所有的NFT都会消耗极少的电量。

区块链的劣势

前面我们讨论了去中心化系统和区块链的一系列优点，但它们并不是完美的，以下是区块链的主要缺点。

没有机构对你负责

在去中心化的系统中，主要得靠自己。如果遇到问题了，没有任何客户支持热线。例如，如果用信用卡在网上购物，卖家没发货，可以打电话给信用卡公司撤销交易。如果你的信用卡丢失或被盗，可以联系信用卡公司把卡片冻结、挂失以避免后续损失。

> 但是，如果用加密货币在网上购物，而卖家没有把商品寄给你，你可没地方说理去，因为所有加密货币的转账都不能撤销，一旦用加密货币给人转账，或者转给别人一个 NFT，就没有任何办法拿回来了，除非对方主动把它发回给你。
>
> 这就是为什么在用加密货币支付以及购买 NFT 时，最重要的是只与信誉良好的人进行交易。加密领域存在很多骗子，因此转账或者给人发送 NFT 的时候要极为谨慎。

NFT 交易平台是 NFT 卖家和买家之间的第三方中介机构，有时在出现问题时可以向平台寻求支持，但平台能提供的帮助也不一定可以解决问题。

用户责任

在去中心化系统中，由于没有中介，个体需要对自己高度负责。用户自己必须对所有的链上行为以及所有的后果负责。所有人都有责任亲自研究（Do Your Own Research，简写为 DYOR）以确认与加密世界交互的所有人或者机构的可信度。例如去搜索相关项目或人士的社会评价，查看这些人的社交媒体，最好坚持与已知的、有信誉的公司或人士进行生意往来，同时，对骗局要保持高度警惕，如果一个项目听起来像天上掉馅饼，那很有可能就是骗局。

每个人都需要对自己的加密货币和 NFT 的安全负责。因为加密领域与传统金融不同，如果有人拿到了你的银行凭证，将钱从你的账户中转出，只要你及时联系银行，通常在 24 小时内是可以撤销该交易的。但是，如果有人盗取了你的加密钱包，将你的加密货币和 NFT 转出，则没有任何补救机会。保护钱包密钥安全，是用户必须承担的责任，提高安全意识可以降低密钥被泄露的风险，本书将在第 6 章讨论这方面的内容。

此外，加密世界是黑暗森林，存在很多骗子。诈骗者会用各种方法试图盗取用户的数字货币和钱包密钥。

> 记住，永远不要把钱包的密钥透露给任何人。

尽管存在不同类型的加密骗局，但下文提到的几个常见骗局，需要我们加以警惕。

- 冒牌网站：基于诈骗者的高超技巧，有时冒牌网站看起来会与官网一模一样。首先，确保网站是安全的（地址以"https"开头，地址栏会显示一个"小锁头"的图标）。其次，确保域名与官网的拼写、字母完全一致，没有错误拼写或用数字"0"代替字母"O"，在浏览器中输入网址的时候，也要小心。

- 冒牌社区管理员：目前 Telegram 和 Discord 是流行的社交媒体平台，除此之外，加密货币和 NFT 市场也会建立相关社区进行通知更新，提供客户服务。用户可以在这些社区提问题。不过，有时候诈骗者会冒充社区管理员，用与管理员一模一样的个人资料和照片，不过，这些冒牌社区管理员通常会在用户名的拼写上存在差异，例如在用户名末尾多加一个字母或不易察觉的小标点。要保持怀疑，反复求证是否在和一个真的社区管理员聊天，管理员永远不会要求用户发送加密货币或 NFT，或要求用户告知自己的钱包密钥。

- 冒牌 App：除了冒牌网站，近年来诈骗者一直在苹果应用商店和谷歌应用下载平台构造冒牌 App，上当的人不计其数。2021 年 2 月，有人从 App Store 下载了一个假的 Trezor 应用程序，几秒钟的时间就损失了自己全部的家当——17.1 个比特币。苹果和谷歌公司正在努力打击这种行为，但依然防不胜防。因此，请反复确认下载的应用程序是不是官方应用程序，否则可能会造成严重的损失。

- 钓鱼邮件：骗子发来的钓鱼邮件，有时候看起来与官方邮件完全相同。甚至发件人地址也可能"看起来"非常正规。必须反复确认这些电子邮件的真实性，可以给官方打电话求证，或者在官方相关社交媒体渠道上询问管理员。除非百分之百确定邮件的真实性，永远不要点击任何加密货币或 NFT 相关电子邮件中的链接。

当然，这些安全提示并不只适用于加密领域。只是在加密领域，很小的错误都会带来毁灭性后果，而且难以挽回。

黑客攻击

区块链也会受到黑客的攻击，根据慢雾区块链被黑事件档案库（SlowMist Hacked）的数据，区块链领域遭受黑客攻击损失的价值超过 145 亿美元。2020 年，黑客攻击主要发生在三大领域。

- 以太坊上的去中心化应用程序（dApps）遭到 47 次黑客攻击（损失 4.37 亿美元）。
- 加密货币交易所遭到 28 次黑客攻击（损失 3 亿美元）。
- 区块链钱包受到多次黑客攻击（损失 30 亿美元）。

请注意，上述损失金额是用 2021 年 1 月的加密货币价格计算的。

无论是区块链钱包，也就是 NFT 存放的地方，还是市场上的账户，都可能被黑。2021 年 3 月，NFT 平台 Nifty Gateway 的部分账户被黑，价值数千美元的 NFT 被盗，黑客的这次攻击只针对一部分账户，这些账户都没有配置双因素认证（two-factor authentication）。

幸运的是，这次攻击事件没有造成很大范围的影响。

倘若安全意识不强，区块链钱包也很容易被盗。本书第 6 章和第 7 章，将告诉大家如何保护账户和区块链钱包，这是重中之重，因为一旦被盗，就再也没办法拿回自己的 NFT 了。

代币也有被黑客攻击的可能性。2021 年 3 月，PAID 代币智能合约被攻击，黑客自己铸造了近 6 000 万个代币，大量代币被不法分子投放到市场上，获得的收益约 300 万美元（见图 3.5）。幸运的是，PAID 团队采取了正确的应对措施，联合所有投资者，基本恢复了项目正常运行，但是被攻击的其他项目就没有这么幸运了。

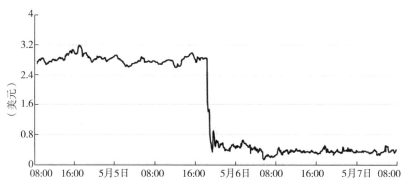

图 3.5　PAID 代币智能合约被攻击后的代币价格

51% 算力攻击

区块链存在受到 51% 算力攻击的可能性，也就是说，一旦有一群验证者控制了 50% 以上的算力，除了可以修改自己的交易记录，还可以阻止区块对部分交易进行确认。2018 年，比特黄金

（BTG）受到了51%算力攻击，导致价值1 800万美元的加密货币出现了双花问题（加密货币的双重支付问题）。

项目被创始团队放弃

过去有很多区块链被创始团队放弃，停止运行，这就造成了一些加密货币消失。有的是因为资金短缺，交易量上不去，没有足够的验证者来处理交易；有的是项目一开始就是骗局；也有的是上述各种原因的组合，创始团队最终跑路。

价格波动

加密货币的价格会大幅波动，是因为它们很容易受到市场各种因素的影响。加密领域并不存在美联储或其他监管机构，这些机构通常会用各类政策来稳定币值。并且，加密货币投资存在从众心态。当某个特定加密货币开始上涨时，也许是基于乐观的消息面，也许是大家害怕错过机会的情绪集体启动，需求增长会导致价格随之飙升。如果一种加密货币价格下跌，可能是因为市场上存在负面消息，然后就会出现恐慌性抛售，导致加密货币受到攻击而直线下跌（区块链术语为"wrecked"）。此外，对于交易量较低的加密货币，不需要很多交易就能操纵市场，有许多加密巨鲸（拥有极大量加密货币的人）在操纵加密货币的市场价格。

还有典型的拉高出货计划，即一群人合谋购买并大力宣传某种加密货币，人们担心错过行情也会跟进购买，于是就会导致价格上涨，在涨到一定程度时，操纵市场的人会大量出货，从中牟利。

想要创建、购买和出售 NFT，你就进入了加密世界，所以要提前认识到加密货币的高波动特性。

现在我们已经探讨了大部分数字资产和 NFT 具有价值的内部技术原因，下面我们来介绍驱动 NFT 价值的外部力量。

驱动 NFT 价值的外部力量

我们先从一个问题开始："为什么罗根·保罗（Logan Paul）发行的 NFT 能卖到 500 万美元这样的高价？"这个故事要从一个优兔（YouTube）用户和一个不寻常的视频开始，该视频随后迅速演化成知名的 NFT 之一。

罗根·保罗因在优兔发布拳击系列高质量视频而成为网红，并迅速破圈爆红。罗根在 2020 年 10 月上传了一个视频，标题为"打开 20 万美元的初版宝可梦收藏卡"。

优兔视频主要靠噱头引发观众点击，这段视频吸引了 30 多万名观众在直播间集体收看，总浏览量迄今超过 1 100 万次，直播活动同时为关爱精神疾病的公益事业筹集了 13 万美元善款。很明显，是直播标题激发了人们的兴趣。人们好奇，价值 20 万美元的宝可梦收藏卡到底是什么？为什么有人会为纸质小卡片支付那么高的价格？

每个盒子里有 36 个独立包装，每包有 10 张宝可梦卡。不过，买家通常想要的并不是整套 360 张的宝可梦卡，他们想要的是初版全息宝可梦卡，全息卡比较稀有，比普通卡更有价值，外观也更酷。如果你足够幸运，能从一盒子卡中抽出一张全息宝可梦卡，这张卡价值会高达 350 000 美元。此外，初版宝可梦收藏卡的盒子是 20 多年前生产的，那个时期也是宝可梦卡牌游戏的初期，增加了它的稀有性。

很明显，宝可梦系列产品不需要罗根的帮助，就可以卖得很好。宝可梦是世界上收入最高的 IP 之一，联名商品总销售额约为 1 000 亿美元，超过星球大战、米老鼠和超级玛丽等知名形象。

不过尽管人们对宝可梦联名产品的兴趣从未消退，但网红拳击手罗根的视频，放大了人们对收藏卡的兴趣，并且进一步助长了这种热潮。他的直播极大地影响了初版宝可梦收藏卡的二手市场。在罗根的视频之后，这些初版宝可梦收藏卡套盒价格在二手市场上飙升。任何多年前购买了这些套盒并从未打开过的人，都有一定概率获得价值 30 万~40 万美元的卡片，这里有一个参考价格，2007 年初版宝可梦收藏卡套盒的价格在 500 美元左右。

罗根想在第一个开箱视频一炮而红之后继续维持热度，给之后的视频造势，后续的视频包括创建和公开拍卖 NFT。

2021 年 2 月，罗根对另一个初版宝可梦收藏卡套盒进行开箱直播，这一次，粉丝都可以参与活动，甚至有机会和他一起兑现宝可梦的收藏品。罗根拍卖了盒子里的 36 个独立包装。赢家不仅可以得到盒子里的东西，还可以得到罗根发行的 1 个名为"Box Breaker"的 NFT。这次拍卖进行得很顺利，平均拍卖价格为

38 000 美元，总价超过 100 万美元，这对于 30 万美元的卡片套盒来说是很高的投资回报率。

为了让更多的人参与进来，罗根发行了 3 000 个"Box Breaker"NFT，每个价格为 1 ETH。NFT 买家可以参加抽奖活动，其中 3 名中奖者，将可以随机获得 36 个独立包装中的一个，并可以乘坐飞机前往他位于加利福尼亚的工作室参加现场开箱活动。

据估计，罗根以 1 ETH 的价格售出了约 2 500 个"Box Breaker"NFT，这个价格还是比较夸张的。在如此高波动的 NFT 市场中，虽然很难确定罗根最终赚取的收益，不过多数人估计他的收入超过 500 万美元。

问题来了：大家购买罗根的 NFT，是因为他的网红地位吗？认为他在社会中的价值将继续增长从而会给他的 NFT 带来持续的价值提升？还是说，他发行的"Box Breaker"NFT 的价格，完全是由收藏卡带来的？

有人提出这样的观点：罗根销售的 NFT 不是真正的 NFT，而是一种宝可梦彩票，只不过以 NFT 的形式发行而已。支撑这个观点很有力的原因在于，罗根的 NFT 自首次发行以来，价格发生了暴跌。"Box Breaker"NFT，正在以原价的 1/10，甚至是 1/100 的价格在市场上出售。

从这里，我们可以学到什么？

- 许多创作者正在给 NFT 赋予实物体验，以提高 NFT 的潜在价值。正如第 2 章所述，多数 NFT 市场支持解锁额外的福利，例如在 NFT 销售中绑定实物商品，这些特色可以把已经具备市场价格的东西转化为 NFT 的价值。

- NFT 的价值并不稳定。NFT 背后的技术确实可以防止欺诈和伪造，以及操纵供给。不过对 NFT 的需求总是在变化，就像罗根发行的 NFT 一样，当可解锁福利，即 NFT 绑定的实物体验用完后，NFT 数字部分的价格就会下降。

以上案例是为了说明传统收藏品市场和数字藏品之间相互影响的现象。NFT 的价值是否会持续上升？目前还难以明确判断，许多新进入 NFT 领域的创作者还是依赖于过去在实物收藏品领域的成功经验，并将这种经验与数字藏品相结合。

在许多情况下，如果没有形成对 NFT 足够大的需求，就无法保证 NFT 的价格会上涨，因为谁也不知道此种需求是否会随着时间而上升。这就是为什么罗根的 NFT 会与宝可梦收藏卡绑定，虽然看起来比较明智，但其实质与 NFT 的目的——数字资产的理念背道而驰。从本质上讲，NFT 背后的技术是它稀缺的因素。但是，到底哪些 NFT 或者 NFT 创作者的作品会升值，最终还是取决于市场需求。想要的人越多，价格自然越高。

罗根会继续作为一名创作者（和网红拳击手）而继续前行，理论上，他发行的 NFT 也应该反映出他个人品牌的成长。但是，NFT 市场上存在太多未知数，NFT 的价值是否会与创造和收藏 NFT 的人同步增长，具有高度的不确定性，这一切将交由市场决定。

第4章

NFT的历史

同很多行业和物品相似，我们很难考证到某个东西出现的精确时间点。不过，确实有一些微小的时刻共同推动了大的行业变化，这些微小的发展本来是相互平行的，直到它们在某种机缘巧合下逐渐汇聚在一起，创造了全新的独特存在。

NFT 出现的精确时间点是模糊的，不能把 2008 年区块链首次出现的时间（中本聪首次提出比特币概念的年份）算作 NFT 的诞生时刻。因为这么做会忽略积累了几十年的数字艺术历史，而数字艺术为 NFT 的发扬光大奠定了基础。不过，只谈论数字艺术，却忽略其他方面的艺术活动也是不公平的，因为艺术活动会重新塑造艺术收藏家的形象，进一步扩大艺术收藏者群体。

无论是知名艺术家安迪·沃霍尔（Andy Warhol）的波普艺术（Pop Art），还是传奇艺术家 Beeple 的赛博朋克（Cyberpunk），所有数字艺术创作者的创新和多姿多彩的历史，都在 NFT 发展历史中发挥了至关重要的作用。

安迪·沃霍尔引入波普艺术

20世纪50年代，在创作《金宝汤罐头》（*Campbell's Soup Cans*）和《玛丽莲·梦露双联画》（*Marilyn Diptych*）之前，安迪·沃霍尔通常出没于纽约市的一家名为不期而遇（Serendipity）的咖啡馆。那时沃霍尔会用自己的画作换些糕点和冰激凌，同时，在咖啡馆里他也可以一窥纽约的名流阶层。

在距离纽约麦迪逊大道一步之遥的地方，安迪·沃霍尔将目光投向了广告业。沃霍尔是大萧条时期来到美国的一个贫穷的捷克斯洛伐克移民，当时他的母亲会把番茄酱加到水里，这样就变成了大萧条期间人们常喝的简陋番茄汤。

安迪·沃霍尔常常会迷惑于战后资本主义的繁荣，工厂推出的工业化产品，让最穷苦的人也能用到优质商品。沃霍尔曾提道：

> 美国的伟大之处是开创了一个新模式，最有钱的人购买的消费品与最贫困的人基本是相同的。可口可乐的广告无处不在，总统喝的是可口可乐，丽兹·泰勒（Liz Taylor）喝的是可口可乐，只要你想，你也可以喝到可口可乐。再多的钱也不能让人们喝到比街角流浪汉喝的更好的可口可乐，所有的可口可乐都一样好喝。

消费主义正在崛起，安迪·沃霍尔也想加入这股浪潮。

沃霍尔在麦迪逊大道取得了巨大成功，他为《魅力》（Glamour）杂志和蒂芙尼公司（Tiffany & Co.）等知名客户创作了广告插图。他的商业艺术作品在广告界和消费者群体中均赢得了盛誉，作品多到可以举办一场名为"波普艺术前的沃霍尔"的作品展。

不过，随着沃霍尔财富的增长，他的抱负也在增长。他希望自己不仅仅是一位知名商业插画师，更想赢得艺术界的认可。

尽管当时已经具备一定知名度，但是沃霍尔首次面向大众的艺术展览并未取得成功。他在加州西好莱坞的费鲁斯画廊（Ferus Gallery）首次举办个展，展出了现在被认为是代表作的 32 件（32 种不同口味）《金宝汤罐头》作品。但首展只售出了 5 件作品。也许是有眼光，也许是运气好，当时的画廊老板欧文·布鲁姆（Irving Blum）认为应该保留 32 种口味的完整性，决定回购这 5 件作品。随后，欧文与沃霍尔达成协议，以每月 100 美元的价格，在 10 个月内购买整批作品（约 26 年后，美国现代艺术博物馆以 1 500 万美元的价格买下了这批藏品）。

此次展览结束之后，安迪·沃霍尔持续提升自己的创作能力，并投身于正在发展的波普艺术运动。

波普艺术的独特性在于，它是首个欢迎所有阶层的人共同来参与和欣赏的美学艺术。波普艺术对精英文化嗤之以鼻，取而代之的是，它以大众文化为主题。漫画形象、流行广告和随处可见的批量产品，都是波普艺术的主要角色。

沃霍尔很清楚，正是波普艺术首次将艺术运动普及到大众层面。

之后，沃霍尔持续跟进创作波普艺术，这种艺术反映了新兴消费主义，他从商业艺术和流行文化中汲取灵感，专注于观察当时美国社会环境中人们所熟悉或最普通的物品，把它们稍加改造，进行二次创作。

《金宝汤罐头》、《玛丽莲·梦露双联画》、《可乐樽》（Coca-Cola 3）、《猫王三重影》（Triple Elvis）、《布里洛盒子》（Brillo Box），以及其他多个作品，都为普及大众"触手可及"的艺术做出了贡献。沃霍尔的个人形象是内敛而神秘的，专注于发扬自己的艺术作品，很多艺术家和社会名流围绕着他，这些都帮助他成长为一个鲜活的偶像，因此，沃霍尔本人也成了一件波普艺术品。

波普艺术主要是由其讽刺手法来定义的，但观众并不会感觉到沃霍尔在试图用艺术作品表达讽刺。相反，沃霍尔通过突出生活中常见的，却不容易被注意到的图像，扩大了艺术的欣赏范围。包装标签、名人、灾难照片……都属于他的选题范围。

沃霍尔的风格继承了马塞尔·杜尚（Marcel Duchamp）的现代艺术风格，用比较直白但经过改造和修饰的日常物品进行创作，这些物品通常不会被人们认为是艺术创造的材料。同样，沃霍尔的波普艺术，让人们注意到了"身边"的艺术，就这样，人们把社会中的常见物品也视作艺术。无论艺术主题是知名人士、家居用品，还是新闻中的图像，沃霍尔成了艺术的混响师。他复制了人们日常消费品的图像，再添加一些流行色，最终创造了一些与人们生活息息相关的作品，这样一来，人们立即就能认出熟悉的主题，当然，这些创作也足够有新意，人们必须深入观察，因为作品中还加入了其他表达。通过对消费主义的强调，沃霍尔把所有事物都视作资本主义机器中的一环，卷进了作品当中，揭开了艺术创作的面纱，让人们可以更仔细地感知身边的环境。

几十年后，沃霍尔的美学仍然为大众提供着轻松的、低门槛的艺术欣赏方式。他用简单直白的表现手法代替了艺术品的技术细节和创作深度，宛若在致敬自己旧时的广告从业经历。

沃霍尔带来以下这些宝贵创新。

- 改变了大众对艺术家的看法，使艺术家从思想家和创作者变成了直白的艺术设计师，无论艺术家是否真的运用纸、笔、画布进行创作。
- 许多人认为沃霍尔是即将到来的真人秀和个人品牌时代最早的设想者。

从历史上来看，人们应该感谢安迪·沃霍尔留下的艺术遗产，NFT 也应该感谢安迪·沃霍尔，正是他重新定义了艺术传递性，这种定义令人耳目一新。

尽管沃霍尔不是波普艺术的发起者，但他很快就成了波普艺术的典型代表人物。

波普艺术对艺术欣赏的民主化起到重要作用，因为波普艺术作品的主题与流行文化元素结合，大众很快就能认出作品中的人物或事物。普通消费者不需要任何先验知识，只需要购买布里洛肥皂，阅读漫画，看电影，就能欣赏到波普艺术。

如果没有波普艺术运动，就不会有今天如此多的艺术品收藏家，这些收藏家收入水平各异，对艺术品升值的观点也是各式各样。甚至我们可以这样说，如果没有波普艺术，就不会出现今天这些 NFT 和数字藏品新兴社区，如 NBA Top Shot、罗根的"Box Breakers"、以太猫，甚至 Beeple 发行的 NFT，所有这些都可以归为波普艺术。

毋庸置疑，我们应该对沃霍尔的想法和远见心存感激。沃霍尔从来没有受制于艺术创作的媒介，从丝网印刷到版画，再到照相机、摄像机，乃至复印机，他用一切新颖的手段进行艺术创作。但沃霍尔的一项艺术创作媒介鲜为人知，那就是他对早期数字艺术技术的涉猎。

1985 年，计算机公司康懋达（Commodore）在纽约林肯中心开了 Amiga 1000 电脑新品发布会，为了超越苹果公司 1984 年发布的 Mac 电脑广告，康懋达公司邀请了沃霍尔和黛比·哈利（Debbie Harry），对电脑的图片编辑功能进行了展示。

在活动进行到约 3/4 时，沃霍尔坐在 Amiga 电脑前，拍下了黛比的数码照片，上传到 Amiga 电脑中，并开始以《玛丽莲·梦露双联画》的风格，对黛比的画像进行数字化创作。大约一分钟后，这张数码肖像就完成了。

Amiga 的常驻艺术家杰克·哈格（Jack Hager）接着问沃霍尔："你以前通常用什么电脑进行创作？"沃霍尔回答道："我没

怎么用过电脑，一直在等待面前这台。"这句回答听起来似乎是典型的名人广告代言台词。

但观众不知道的是，安迪·沃霍尔不仅是这款电脑的代言人，他在实际工作中也会使用它，沃霍尔用 Amiga 1000 创作了一部名为《你是唯一》（*You Are The One*）的短片。这部短片收录了 20 张玛丽莲·梦露 20 世纪 50 年代新闻片镜头中的数字图像，沃霍尔用 Amiga 电脑对这些图像进行了处理，并且配上了背景音乐。

安迪·沃霍尔去世后，他的 Amiga 电脑和软盘存放于沃霍尔博物馆档案中。这些作品似乎被世人遗忘，但近 30 年后，卡内基艺术博物馆突发灵感，开始复原沃霍尔的数字艺术作品。通过一番努力，博物馆发现了大约 20 件从没有人见过的沃霍尔数字艺术作品。

如果沃霍尔能活得更久一些，就可亲睹如今数字艺术在艺术界的重要位置，不过，沃霍尔的贡献只是数字艺术历史长河中的一个小涟漪。

如果沃霍尔晚出生一点，他大概率会走上一条和 Beeple 相似的数字艺术道路。

Beeple 在赛博朋克世界与 NFT 邂逅

艺术家在世时就名声大噪的情况并不多见。将 Beeple 这样一个十分不起眼的计算机爱好者，称为数字艺术运动的代言人，就更罕见了，更不要说能在代表上流社会的佳士得拍卖会上以超过6 900万美元的价格售出一件艺术品了。

Beeple 在接受《纽约客》采访时说："一个人和一台电脑能创造什么？这始终是一个非常酷的概念，因为从某种程度上说，它代表着艺术的平衡。"

Beeple 出生在威斯康星州中西部，从小就走上了计算机科学的道路，为了系统学习电子游戏编程，他考取了普渡大学。但是，他很快就发现工作比学业更有趣，艰难毕业之后，他凭着自己的计算机技能，找到了一份网页设计师的工作。

对计算机学科和艺术的迷恋，给 Beeple 的业余时间带来了很多灵感。Beeple 为 DJ（唱片骑师）组合构造循环视频，这也是他首次涉足动态图像领域。今天大家在 EDM 音乐节上看到的抽象形状和灯光，都出自 Beeple 之手，作为一名心怀远大的 DJ，所有人都可以免费下载和试看他的设计。

面对着电脑，Beeple 被虚拟世界和数字创作深深吸引，人们可以使用 CINEMA 4D 等建模和视觉软件在电脑上建模，创建出虚拟世界。Beeple 确实拥有把这些软件运用得出神入化的技术实力，但他的艺术能力不足，限制了他的创作。

2007 年前后，Beeple 从素描艺术家汤姆·贾德（Tom Judd）那里得到了每天创作一些内容的灵感，即在一天内，从零到一完成一件作品。这种慢慢迭代的理念也是 Beeple 的心之所向。

就这样，Beeple 的作品"每一天"系列诞生了。

"每一天"系列中第一年的作品主要包括素描、自画像和涂鸦。而后，今天为人熟知的 Beeple_Crap 风格开始逐步成形，Beeple 在粉丝们的见证下，开始学习 CINEMA 4D，每天都在进步。

赛博朋克成为"每一天"系列的主题，Beeple 使用市面上优秀的图形软件，创作乌托邦和反乌托邦的静态图像。

赛博朋克美学的根源可以追溯到 20 世纪 60 年代，并且有着规模不小的粉丝群体。与早期科技爱好者设想中的乌托邦梦想形成鲜明对立，赛博朋克主要着眼于反乌托邦的未来主义背景。赛博朋克文化是为人们今天所处的社会而创作的，它植根于不可阻挡的技术进步，随着社会进步，这种文化更加接近现实。此外，得益于几十年间的艺术创作，赛博朋克主题积累了庞大的受众群体。从早期的菲利普·K. 迪克（Philip K. Dick）和艾萨克·阿西莫夫（Isaac Asimov）的小说开始，再到雷德利·斯科特（Ridley Scott）的《银翼杀手》、漫画改编科幻电影《阿基拉》、《黑客帝国》三部曲、《少数派报告》、《黑镜》系列，以及成千上万的类似主题作品。我们的确更喜欢消费那些接近我们现实的反乌托邦噩梦，而不是乌托邦式的美好幻想。

Beeple 再也无法找到比赛博朋克更好的美学文化来描绘他的"每一天"系列。

无论在什么情况下，Beeple 都坚持每天从零开始创作一件作品，他从未对自己这套作品进行预先设计，并且他也会感到懒惰，也没有现成的作品素材。Beeple 唯一的陪伴是他自己和电脑。"The Futur"的记者克里斯·杜（Chris Do）将 Beeple 的创作过程，比作迈克尔·沙特克（Michael Shattuck）的一年 365 场马拉松。

Beeple 的 5 000 多个"每一天"系列作品，成为人类迄今已知最高产的数字艺术作品。

在分享"每一天"系列的过程中，Beeple 已经建立了一个庞大的赛博朋克爱好者群体。Beeple 从不对外吹嘘自己的工作（这或许是威斯康星州居民的谦虚习惯），仍然声称自己在动作设计方面很糟糕。但只要看一下他的作品集，就可以感受到一个艺术家的成长。Beeple 的"每一天"系列作品使他成为 Space X（太空探索技术公司）、苹果、耐克、路易威登、超级碗、音乐会等各行各业的商业设计师，而他仅是通过坚持做自己所热爱的事，就为自己创造了一份事业。在 NFT 出现之前，一个数字艺术家用来谋生的日常就是做出优秀亮眼的作品，以获得企业界的认可。在过去几年里，Beeple 的"每一天"系列变得比以往更加有特点。不过，Beeple 并没有偏离赛博朋克美学，而是将这种美学与流行文化人物混合在一起，为观众创造了一种梦境般的现实场景。

在接受来自《纽约时报》Sway 播客栏目的卡拉·斯维什尔（Kara Swisher）的采访时，Beeple 描述了他的艺术理念。

我的作品想要表达的是，科技领域正在发生一些奇怪的现象，意想不到的事情层出不穷，并且这些现象的出现频率还会提升。感觉唐纳德·特朗普的形象与赛博朋克的结合就在科技领域的预料之外。

Beeple 作品中的赛博朋克文化非常微妙，主要在于艺术作品被移植到人们所居住的环境中。就像沃霍尔的波普艺术描绘的是刚开始发展的消费主义一样，Beeple 的赛博朋克艺术意在审视生活中无处不在的技术中心主义。虽然 Beeple 在加密货币、区块链或 NFT 方面并不超前，但是他的出现恰逢其时。

2020 年 10 月，Beeple 发行了首个 NFT，以 66 666.66 美元的价格售出（几个月后又涨了 100 倍，以 660 万美元的价格转售）。2020 年 12 月，他再次推出了一系列作品，成交价格为 350 万美元。然而仅仅几个月后，佳士得拍卖行与 NFT 市场 MakersPlace 合作，找到他，想要进行 NFT 拍卖。佳士得拍卖行说服了他将前 5 000 件"每一天"打包成 NFT，然后以超过 6 900 万美元的价格售出。

在我们看来，Beeple 的"每一天"系列作品属于完美收藏品。原因在于，Beeple 是真正的数字原生艺术家，他主要靠技术来创造艺术，并且创作主题一直集中于对科技的审视，最终他也受益于一个突破性的技术而成功出售了自己的作品……这是一个美好的故事。如果 NFT 最高的交易额是来自像杰夫·昆斯（Jeff Koons）这样的老牌艺术家，会不会引发人们的关注？当然不会。

赛博朋克是开启 NFT 时代的完美主题，因为它可以直接连接用于创建、出售和购买 NFT 的许多技术的艺术风格。我们所有的行为几乎都会受到算法的影响，而且我们几乎一刻也离不开技术，因此，这种美学比以往任何时候都更有意义。

Beeple 坚持赛博朋克风格的先见之明是正确的，他最终受益于自己长达13年的坚持，创造了一个超群的作品集。不管他本人怎么认为，现在 Beeple 都是 NFT 的代表人物，就如同沃霍尔是波普艺术的代表人物一样。

理想的情况是，这种持之以恒会激励世界各地原生的数字艺术家，很多人与 Beeple 一样，主要依靠为客户工作或将自己的数字艺术作品打印成纸质版来赚钱。

尽管 Beeple 的作品价格是迄今为止数字艺术交易中最高的，但忘记数字艺术的悠久历史，和数字艺术家长期以来不被重视的事实，是不公平的。几十年来，数字艺术家得不到尊重，经常被告知自己的作品不属于"真正的艺术"。而数字艺术的故事可以追溯到很久以前，甚至早于 Beeple 决定创作"每一天"系列的第一幅作品。

数字艺术的故事

艺术是什么？搜索引擎会给出不同的答案。真相是，这些答案中没有一个能够准确地描述艺术的范围，因为每次定义艺术时，人们都会对艺术进行分类，但也会遗漏一些东西。对艺术概念进行定义，就好像留下了一扇敞开的大门，不断会有新的人进来，向大家展现从未见过的艺术形式。

几个世纪以来，艺术意味着绘画、壁画、雕塑、音乐和诗歌，广义上还涵盖帕特农神庙或吉萨金字塔群这样的完美建筑。

之后，马塞尔·杜尚颠覆了艺术世界，他认为，艺术家是那些用手指着某些创造，然后说"这就是艺术"的人。杜尚通过在画廊里放置小便池来证明他的想法。后来，沃霍尔又把矛头指向人类自己，声称人类的集体行为也是一种艺术形式，沃霍尔对此的阐述是，艺术没有固定形式的存在。就在大家认为已经发掘出所有艺术定义之时，食物又变成了艺术，米其林星级餐厅开始展示食物如何成为创意表达的媒介。

古往今来的艺术家都在尽力打破障碍，将艺术界带入全新范畴内。尽管嘻哈文化和滑板文化都源于涂鸦文化，但直到巴塞尔艺术博览会邀请涂鸦艺术家用色彩涂满整个迈阿密市，涂鸦文化才被真正认可。

艺术故事就是不断打破边界，一个有远见的人做了与众不同的事情，并称其为艺术。艺术界可以选择尊重它、复制它，也可以选择完全不理会。但最终，所有形式的艺术表达，无论多么离谱，都可以找到认同者。

很快，数字艺术就找到了自己的粉丝群体。但直到今天，仍有很多人不相信数字艺术对社会的价值。尽管如此，数字艺术的故事就是 NFT 的前传，倘若没有数字艺术家，NFT 就很难诞生。

数字艺术的缘起

20 世纪 50 年代初，在英国曼彻斯特的一个闲置军用物资仓库里，德斯蒙德·保罗·亨利（Desmond Paul Henry）偶然发现了一台完好无损的斯佩里（Sperry）轰炸瞄准器。作为第二次世界大战期间研发的众多计算机之一，Sperry 被固定在轰炸机上，用于炸弹的投放瞄准。20 世纪 50 年代，瞄准器已经过时，但亨利认为，这种技术对艺术界来说，却是一个新鲜工具。亨利惊叹于它的构造，并且在 20 世纪 50 年代一直对其进行改造，想找到能让计算机绘图的方法。因此，他在机器上安装了一个绘图仪（其实是一支装在机器臂末端的笔），想看看它能画出来什么。

与整个 20 世纪六七十年代常见的算法生成艺术不同，亨利的绘图机完全依赖于"机械巧合"，换句话说，就是绘图仪与机械部件之间的关系。

例如，一个松动的螺丝可能会极大地改变最终的绘图结果。因为电脑不能预先编程，也不能存储信息，所以每幅画都是完全随机的，尽管亨利可以调整机器的机械部件，但他无法预知这将对绘图产生何种影响。这种不精确的结构，更意味着亨利的作品无法被复制，也无法批量生产，每个作品都是独一无二的（见图 4.1）。

这幅作品看起来是不是有点像平时会在某个画廊里看到的抽象画？通常会有几十个鉴赏家围着这幅画，探究艺术家创意背后的深刻内涵。

但是那时的数字艺术并没有受到艺术界的重视。或许因为计算机仅仅是用来处理数字的机器，并没有任何生命力，就像工厂流水线上生产可口可乐的机器；或许是因为作品的创作者看起来有些死板，而不是那些很受欢迎的古灵精怪的艺术家。

图 4.1　亨利绘图机的第一幅作品

无论如何，数字艺术几十年来一直离主流艺术世界很遥远。通常，大家会觉得，"这不是真正的艺术"，语气表示无法理解。尽管存在着不理解，但数字艺术爱好者在坚持前进，并形成了自己的粉丝社区。

1967 年，非营利性的"艺术与科技实验"（Experiments in Art and Technology）在前一年的"9 晚：戏剧与工程"（9 Evenings：Theatre and Engineering）系列演出后成立。10 位当代艺术家与贝尔实验室的 30 位工程师和科学家联合起来，共同展示了科技在艺术中的应用。

1968 年，伦敦当代艺术研究所举办了"控制论的偶然性"（Cybernetic Serendipity），这是最有影响力的早期计算机艺术展览之一。同在 1968 年，计算机艺术协会（Computer Arts Society）成立，旨在促进计算机在艺术作品中的应用。

在整个 20 世纪六七十年代，很多数字艺术创作都依赖于数学应用，通过早期的算法和数学来生成抽象艺术。数字艺术有个小圈子，包括那些对挑战技术极限感兴趣的工程师和少数有先见之明的艺术家，他们乐于对这种新的创作形式进行测试和实验。

艺术不仅需要掌握媒介使用，也需要理解如何构图。无论是画布上的粉彩，纸上的石墨，还是大理石上的雕刻，艺术媒介涉及对材料与表面效果呈现的掌握，这并不是无法逾越的，只是需要引入实践。

早期的数字艺术也是这样，必须对媒介有所了解，这在当时就意味着需要理解计算机的运作方式。出于这个原因，许多早期的数字艺术家都是计算机程序员。之后，在 1984 年发生了一个结构性转变，不但改变了"如何"创造数字艺术，更重要的是改变了"谁"可以创造它。

史蒂夫·乔布斯在苹果公司崭露头角的时代即将来临，他设计的重要产品是 Mac 电脑，其主要优势是具有图形用户界面（GUI）。GUI 之所以重要，是因为它可以通过图标和窗口呈现计算结果，这样普通人就能与计算机互动。而且只需 195 美元，Mac 用户就可以购买 MacPaint 软件，进行自己的数字艺术创作。个人电脑（PC）给所有艺术家的数字艺术创作创造了条件。正如我们在前文所讨论的，康懋达公司在第二年，就跟上了苹果公司的步伐，推出了 Amiga 1000 计算机和 Deluxe Paint 软件。

在之后的 10 年里，专为创作数字艺术而开发的标志性软件开始不断涌现。例如，1988 年的 Adobe Photoshop 和 1990 年的 Corel Painter。1992 年，Wacom 公司发明了首台用户可以通过无线触控笔与电脑交互的平板电脑，而这正是数字艺术家梦寐以求的产品。

软件降低了数字艺术的创作难度，因此更多艺术家开始使用软件工具，并组建社区，分享经验。数字艺术在快速发展，但缺乏展示的场所，1997 年，奥斯汀数字艺术博物馆（Austin Museum of Digital Art）成立，旨在展示和推广数字创作。几年后，奥斯汀数字艺术博物馆又推出了首个在线数字艺术博物馆（10 多年后，纽约现代艺术博物馆创建了包含 4 000 多件数字艺术品的数字艺术库）。

新兴的数字艺术社区与电影中高频出现的视觉效果开始结合，电子游戏与浩瀚的虚拟世界也开始结合，这些火热的现象意味着，在整个 20 世纪八九十年代，有越来越多的人在不经意间接触了数字艺术。

当亨利在 20 世纪 50 年代改造自己的亨利绘图机时，并没有担心艺术界不接受他的创作，因为在他的理念里，这就是艺术。早期的数字艺术家试图打破壁垒，经受了许多不理解。而仅在几十年后，数字艺术就席卷了全世界，人们也终于开始欣赏这类艺术了。

销售数字艺术品的开端

互联网在数字艺术的发展过程中也扮演着重要角色。2005

年，Behance 设计网站诞生，逐渐成为分享个人数字艺术作品集和商业艺术项目的重要平台。例如，埃米·哈兹（Emi Haze）在该网站上获得了大量粉丝，并与苹果公司和 Wacom 公司合作完成了商业项目，成为在 Adobe 25 周年庆典期间获得殊荣的数字艺术家之一。

时光快进到 2013 年，这也是数字艺术史上最有纪念意义的时刻之一，富艺斯拍卖行（Phillips Auction House）与汤博乐（Tumblr）联手举办了历史上首次数字艺术拍卖会，共售出 16 件总价值为 90 600 美元的数字艺术品。虽然当时区块链已经出现，但他们并没有在拍卖中应用这项技术，只是向每个买家交付了一个包含作品文件的硬盘。仅在一年后，区块链和艺术碰撞出了史上第一件 NFT 的雏形（当时也称作货币化图形）。

2014 年，纽约市举行了 Seven on Seven 活动，有点像黑客马拉松，即艺术家和技术专家聚集协作，相互激发创意，其中凯文·麦考伊（Kevin McCoy）和阿尼尔·达什（Anil Dash）被随机分为一组。达什是拍卖行的顾问，而麦考伊是纽约大学的教授，也是一名数字艺术家。在汤博乐发展的全盛时期，各种没有署名的数字作品在平台上被大量分享。麦考伊是众多在汤博乐上走红的数字艺术家之一，但他并没有获得什么奖项，也没有得到过报酬，不过他已经开始研究区块链在数字艺术中的应用了。

达什在《大西洋月刊》（*The Atlantic*）的一篇文章中讲述了这个故事：

凌晨时分，我和麦考伊已经研究出第一版由区块链支持原始数字作品所有权的方法。由于实在太累了，我们干脆给作品起了带点讽刺特性的名字：货币化图形。首次现场演示在纽约市的新当代艺术博物馆（New Museum of Contemporary Art），"货币化图形"这个词，引发了那些排斥商业侵入创意艺术领域观众的嘲笑。麦考伊用域名币（Namecoin）① 注册了他妻子之前制作的视频片段，我用钱包里的 4 块钱买下了这个片段……但我们在短暂的活动中创建的 NFT 原型也存在一些不足之处，比如无法在区块链中存储实际的数字艺术品；并且由于技术限制，大多数区块链的容量太小，无法容纳整个图像……7 年后，今天所有流行的 NFT 平台仍然使用我们当初的理念。

尽管麦考伊和达什没有继续探索这种创意，但他们展示了一种可能性，在当时，这种可能性就已经足够了。

一年后，夸里森·特里和瑞恩·考德里（Ryan Cowdrey）联合创立了世界上首个使用比特币区块链创建所有权证明的数字艺术市场——23VIVI。

考德里回忆：

2015 年销售数字艺术品并不可笑。一个主要障碍是，我

---

① 一个早期基于区块链技术的分布式域名系统。——译者注

们使用比特币区块链来创建所有权证明，与当今大多数 NFT 使用的以太坊相比，它实在是太慢了。另一个主要障碍是市场需求，人们不了解数字艺术，更不要说购买数字艺术品了。所以，我们主要靠的是自己的关系，在所有销售中，至少有一半是从我们的亲朋好友开始的。即使如此，说服一个朋友花 20 美元购买一个数字文件也是不容易的。

所有早期的数字艺术经销商几乎都会告诉你一个相似的故事，即他们的第一件数字艺术品卖给了亲朋好友。在接受加里·维纳查克（Gary Vaynerchuk）的采访时，以太猫联合创始人米克·纳耶姆（Mik Naayem）是这么说的：

> 我们发明以太猫时，尝试让朋友购买以太猫，实在是太难了，他们通常会看着我，然后看着猫，说"这玩意儿太复杂了"。

大家并不知道以太猫会流行起来，并成为 NFT 的成功范例。那么，以太猫是什么呢？

互联网与猫始终有一种独特的关系。互联网上有一些出名的网红猫，如不爽猫（Grumpy Cat）、吐舌猫（Lil Bub）、彩虹猫（Nyan Cat）、喵上校（Colonel Meow）。2015 年，美国有线电视新闻网（CNN）预估互联网上有超过 65 亿张猫的图片。人们最早上优兔的主要原因之一是观看有趣的猫咪视频，据估计，如今以猫为主要题材的优兔视频观看次数已超过 260 亿次。思想目录（Thought Catalog）甚至把猫咪称为互联网的官方吉祥物。

因此，首个爆红的 NFT 是一组以数字猫咪为主题的艺术品也就不足为奇。Dapper Labs（以太猫的创始团队）于 2017 年 11 月推出以太猫，这是一个基于以太坊的区块链游戏，用户可以购买、收集、繁殖和出售虚拟猫。该游戏推出时只有 100 只"创世猫"（Founder Kitties），然后每 15 分钟发布一只"Gen 0"猫。这款游戏一炮而红。在游戏推出几天后，知名科技媒体科技博客（Tech-Crunch）报道称以太猫的交易额已经超过 130 万美元。以太猫迅速受到追捧，2017 年年底，这款区块链游戏占以太坊网络流量的 15% 以上。图 4.2 是 3 只以太猫的图片。

图 4.2　3 只以太猫（1 号，Genesis；222 号，Koshkat；1992771 号，Holly）

不过，它们不仅是类似豆豆娃毛绒玩具的收藏品。以太猫提供了独特的育种（或繁殖）功能。主人将以太猫以指定价格（ETH）进行配种。当有人接受这个价格时，这两只以太猫就会进行育种，把小猫挂牌出售的主人可以得到 ETH，而买家则得到了由此产生的小猫咪。

编入每只小猫中的代码是一个 256 位的基因组，也就是小猫可能拥有的不同排列组合的基因序列。类似颜色、繁殖的冷却时间、胡须、条纹等都是这些以太小猫的"基因"。

收藏者对某些"基因"的需求不断增长。Dapper Labs 并没有对不同的基因设定稀有度。收藏者想追求的东西完全是自然增长的。不到 4 个月，这种互联网商业现象引起了风险投资的关注，以太猫的创始团队从联合广场风投（Union Square Ventures）和安德森·霍洛维茨基金（Andreessen Horowitz，又名 A16Z）等知名投资基金那里融资了 1 200 万美元。从那时起，Dapper Labs 又推出了 NBA Top Shots，创建了自己的公链（FLOW 链），还开发了以终极格斗冠军赛（UFC）为主题的数字藏品。

毫无疑问，以太猫提高了大家对拥有数字资产的认知。我们无法想象如果没有以太猫，今天的 NFT 市场又会是何种光景。

谈到数字艺术品，就必须聊聊 Curio Cards 和加密朋克（CryptoPunk），这是最先（分别）在以太坊上存储所有权证明的两个 NFT 项目。Curio Cards 于 2017 年 5 月 9 日推出，包含来自 7 位不同艺术家的 30 个独特的 NFT 系列卡。该项目主要是为了展示数字艺术所有权的新模式，也是可以供后来者参考的先例。Curio Cards 的出现比较早，是在 ERC721 NFT 标准出现之前开发的（ERC721 是今天在 OpenSea 等市场上使用的标准）。虽然今天看起来 Curio Cards 已经过时，但它们开发了一种代币合约，用户可以将 Curio Cards "包裹"在另一个代币中，从而使 Curio Cards 在目前的 NFT 市场上还能运行。

从艺术的角度看，Curio Cards 为数字艺术这一革命性的技术刻入发展的灵魂，并设计了一系列卡片来讲述人类在数字艺术上的故事。从 1 号作品开始，以代表创世故事的苹果为特色，到 30 号作品结束，以史上首个 GIF 为特色。

加密朋克由幼虫实验室（Larva Labs）于 2017 年 6 月推出，包含以像素艺术风格创造的 10 000 个独特的角色，创作来源可追溯到太空入侵者和吃豆人等像素风格游戏。Larva Labs 最初实际上是把加密朋克 NFT 送给了任何愿意接受它的人。2021 年，根据 OpenSea 的数据，加密朋克总交易额超过 172 000 ETH，2021 年 5 月，9 个加密朋克 NFT 被打包出售，售价为 1 700 万美元。

在过去几年中，有许多数字艺术家和收藏家在 NFT 领域获得了瞩目的成功，而且交易额似乎越来越大，越来越夸张，但倘若没有数字艺术领域先驱积累的丰富历史，他们不会有今天。

无论是那些尝试用技术创造数字艺术的先驱，还是那些创办活动或利用画廊推广数字艺术的早期弄潮儿，以及那些以区块链为技术支撑的早期创新者，这些人的努力，为 Beeple、罗布·格隆考斯基和以太猫的大放光彩奠定了基础。

牛顿有一句话，"如果说我比别人看得更远，那是因为我站在巨人的肩膀上"。数字艺术领域先驱多年来顶着很多人的不理解，指责其艺术品不属于"真正的艺术"。虽然这些先驱可能永远不会得到自己应得的荣誉（或金钱），但正是通过他们的努力，今天的数字艺术家才能将自己的创作通过各种媒介货币化。

第5章

NFT交易平台

想要创建、购买和出售 NFT，最好在市面上已有的 NFT 交易平台上进行。在现有 NFT 平台上创建和铸造 NFT，用户不需要自己编写智能合约，也不需要任何技术知识。这意味着普通用户也可以创建和铸造 NFT。

当然，上链是必须的，因为 NFT 是基于区块链的资产，本书将在第 6 章至第 8 章讲述如何在 NFT 交易平台上创建、铸造、出售、购买 NFT。届时，我们将以目前最大、最受欢迎的 NFT 交易平台 OpenSea 作为例子进行讲解。尽管如此，还是建议读者探索一下本章介绍的所有 NFT 交易平台，因为每个平台都有属于自己的特点、强项和社区。通过研究，可以对整个 NFT 交易平台有更广泛的了解。

以下是几个最流行的 NFT 交易平台。

OpenSea

官方网站：Opensea. io。

OpenSea 是目前最大、最受欢迎的 NFT 市场，根据 OpenSea 的描述，它是首个 NFT 市场。截至 2021 年 9 月，OpenSea 上共有 1 550 万个 NFT，已售出总价值达 3. 54 亿美元的 NFT。在铸造、出售和购买 NFT 时，OpenSea 的体验是最好的，很容易浏览，方便用户操作，适合刚刚进入 NFT 领域的初学者。NFT 收藏爱好者可以在 OpenSea 上找到各种各样的 NFT，包括以下类别。

- 数字艺术（digital art）。
- 收藏品（collectibles）。
- 音乐（music）。
- 域名（domain name）。
- 虚拟房地产（virtual real estate）。
- 数字交易卡（digital trading card）。
- 游戏中的虚拟物品（in-game item）。

用户可以选择不同的方式来出售 NFT，如英式拍卖、荷兰式拍卖，等等。总的来说，我们比较推荐 OpenSea，在接下来的章节中也会使用它来进行案例讲解。

优点

- 目前最大的 NFT 平台。

- 易于创建、出售和购买 NFT。

- 支持免费铸造 NFT。

- 只需一次性支付双倍手续费即可出售 NFT。

- 平台仅按销售额的 2.5% 抽成。

缺点

- 只能用加密货币进行 NFT 的出售和购买。

- 基于以太坊（比较热门），手续费可能会很高。

Rarible

官方网站：Rarible. com。

与 OpenSea 一样，Rarible 的用户体验比较友好，浏览操作较为简单。用户可以创建、出售和购买各种类型的 NFT。Rarible 将部分社交媒体元素引入网站，如"关注"功能，用户可以关注 NFT 创作者，在已关注的创作者发行新的 NFT 时，可以收到通知。

Rarible 有自己发行的 RARI 代币，这也是该 NFT 平台的原生治理代币。RARI 主要用于奖励平台上的活跃用户，让用户可以参与 Rarible 的建设和未来，并且拥有发言权。Rarible 按销售额的5% 抽成，向买家和卖家各收取 2.5% 的手续费。

优点

- 创建、出售和购买 NFT 操作都较为简易。
- 社区活跃。

缺点

- 只能用加密货币出售和购买 NFT。
- 基于以太坊，手续费可能会很高。
- 每次铸造 NFT 时，都必须支付额外的手续费。

Nifty Gateway

官方网站：Niftygateway. com。

Nifty Gateway 上的 NFT，被称为"nifties"。这个平台上只出售成熟且知名的数字艺术家、知名人士以及知名品牌发行的 nifties。例如，Beeple、Deadmau5、埃米纳姆（Eminem）和帕丽斯·希尔顿

（Paris Hilton）都是 Nifty Gateway 上常见的艺术家与知名人士。Nifty Gateway 定位于高端市场，有点像高端独家艺术画廊，创作者需要申请并通过一系列审核，才能在 Nifty Gateway 上出售 NFT。

Nifty Gateway 是少数可以用传统银行信用卡或借记卡购买 NFT 的市场之一，这就为不熟悉加密领域的收藏爱好者构造了一个容易接触的平台。

优点

- 可以用信用卡或借记卡购买 NFT。
- 操作方便、直观。

缺点

- 平台按销售额的 15% 抽成。
- 卖家需要创建 Gemini 交易所的账户，才能提现。
- 出售 NFT 需要申请。
- 基于以太坊，手续费可能会很高。

SuperRare

官方网站：Superrare. co。

SuperRare 的含义为极度稀缺，正如其名，SuperRare 只出售限量为 1 个的 NFT。此外，SuperRare 上只出售其他地方买不到的数字艺术 NFT。

SuperRare 对自己的描述是，"Instagram 与佳士得拍卖行的结合，提供同艺术、文化和收藏交流互动的网络新方式"。

SuperRare 构建了一个能量强大的社区，还会追踪顶级收藏家和流行艺术家的趋势数据。

同 Nifty Gateway 一样，SuperRare 的网站设计也非常优雅，除此之外，值班编辑每天都会发布数字艺术类文章，宛若一本精美的艺术杂志。

优点

- 只出售稀缺的、限量为 1 个的 NFT。
- 使用简便、直观。
- 社区文化强大。

缺点

- 首次出售的按销售额的 15% 抽成。
- 出售 NFT 需要申请。
- 基于以太坊，手续费可能会很高。

WAX 链上的 Atomic Hub

官方网站：Wax. atomichub. io。

Atomic Hub 基于 WAX 链，它完全独立于以太坊。虽然 WAX 链没有以太坊那么流行，但与以太坊相比，WAX 链的手续费是最低的。此外，WAX 链使用权益证明验证，对环境的负面影响可以忽略不计。

Atomic Hub 最独特的部分是，平台会出售成套的 NFT，就像棒球卡盲盒一样，消费者不知道能抽到什么卡。同样，在"盲盒"中抽出的 NFT 的稀缺程度也不同。例如，美国球星卡经销商 Topps 会在 Atomic Hub 出售美国职业棒球联盟的 NFT 盲盒套卡，其二级市场非常活跃。

优点

- 没有以太坊的手续费。
- 对环境友好。
- 平台仅按销售额的 2% 抽成。

缺点

- 在平台上创建 NFT 较为复杂。

- WAX 链没有以太坊受欢迎。
- WAX 链上的 NFT 无法转移到以太坊上。

Foundation

官方网站：Foundation. app。

Foundation 对自己的描述是，"艺术家、策展人和收藏家的游乐场"。Foundation 的网站设计深受 Instagram 等社交媒体的影响。Foundation 鼓励用户将他们的 Foundation 账户与社交媒体账户绑定。任何人都可以注册，但如果你想出售自己的 NFT，就必须得到其他社区成员的支持。这种由社区主导的机制使普通用户的 NFT 难以出售，但在一定程度上保证了艺术品质量。

优点

- 种类繁多的优质艺术类 NFT。
- 艺术家和收藏家的活跃社区。

缺点

- 首次出售的按销售额的 15% 抽成。
- 没有办法过滤搜索。

- 基于以太坊，手续费可能会很高。

NBA Top Shot

官方网站：NBAtopshot. com。

NBA Top Shot 由知名 NFT 项目以太猫的创始团队 Dapper Labs 创建。NBA Top Shot 是一个非常受欢迎的 NFT 交易平台，用户在平台上可以购买 NBA 高光时刻的视频 NFT，销售额达数亿美元。

与 Atomic Hub 类似，收藏爱好者可以购买不同稀有度的 NFT 盲盒，然后在二级市场上出售。NFT 收藏爱好者还可以参加各种挑战活动，从而获得免费的 NFT。NBA Top Shot 在 FLOW 链上，FLOW 链和 WAX 链一样，使用权益证明机制。

优点

- 包含精彩的 NBA 视频 NFT。
- 对环境友好。
- 可以使用信用卡或借记卡购买。

缺点

- FLOW 链上的 NFT 不能转移到以太坊上。

- 提取资金时间较长，需要几周时间。
- 会定期发行 NFT 收藏集，因此市场上存在大量新的收藏集。

VeVe

官方网站：Veve. me。

VeVe 是一个 App，可在手机上下载。VeVe 主要出售知名品牌的 3D 图片 NFT。例如，VeVe 平台上有《捉鬼敢死队》《蝙蝠侠》《回到未来》《侏罗纪公园》《星际迷航：下一代》等电影的衍生 NFT。

用户可以自行调节这些 3D 图片的大小、角度，还可以把它们放在其他应用程序中，或者将它们添加到手机照片中，并在社交媒体上进行分享。

优点

- 高画质的 3D 图片文件。
- 流行品牌的 NFT。
- 不需要加密货币，就可以购买 NFT。

缺点

- 不能将 NFT 从 VeVe 的官方应用程序中转移出去。

- VeVe 中的 NFT 不可出售，只能用于交换。
- 用户界面有些落后。

Known Origin

官方网站：Knownorigin. io。

Known Origin 的定位是"由艺术家驱动的平台"，只出售数字艺术 NFT。Known Origin 包含一个 NFT 的一级市场，供数字藏品首次发行，还有一个供收藏爱好者买卖 NFT 的二级市场。艺术家需要向平台申请，才可以在市场发行和出售 NFT。Known Origin 选择平台入驻艺术家时，会进行尽职调查以保证质量。

优点

- 高品质的艺术类 NFT。
- 精美优雅、方便用户访问的界面。

缺点

- 平台按销售额的 15% 抽成。
- 目前暂不接受新艺术家的平台入驻申请。
- 基于以太坊，手续费可能会很高。

Myth Market

官方网站：Myth. market。

Myth Market 专注于卡牌类 NFT，集成了 5 个不同的 NFT 交易平台。

- GPK. Market：一个用于交易垃圾桶小子（Garbage Pail Kids）系列卡牌的平台。
- GoPepe. Market：一个用于交易悲伤蛙（Pepe）相关卡牌的平台。
- Heroes. Market：一个用于交易区块链英雄（Blockchain Heroes）卡牌的平台。
- KOGS. Market：一个用于交易游戏类 KOGS 卡牌的平台。
- Shatner. Market：以威廉·夏特纳（William Shatner）为主题的卡牌交易平台。

与 Atomic Hub 一样，Myth Market（及其子平台）是基于 WAX 链的 NFT 交易平台。

优点

- 没有以太坊的手续费。

- 对环境友好。

缺点

- 用户只能独立出售和购买每个子市场上提供的 NFT。
- WAX 链没有以太坊受欢迎。
- WAX 链上的 NFT 无法转移到以太坊上。

总结

切记，市场上有几十个 NFT 交易平台，并且 NFT 的市场空间正在迅速增长，新的平台不断出现，而部分老平台将逐渐淡出大众视线，甚至退出舞台。

现在，我们已经对 NFT 交易平台有了一定了解，下面就来创建你的第一个专属 NFT 吧。

第6章

创建和铸造NFT

本章将手把手教你创建和铸造一个 NFT。即便是没接触过 NFT、区块链或尚无技术经验的零基础用户，也可以创建和铸造 NFT。你如果准备好了的话，就可以开始参与这场 NFT 热潮啦！

主要操作步骤如下：

- 创建 NFT 的主要内容和其他要素。
- 创建加密钱包（MetaMask 钱包）。
- 创建 OpenSea（最大的 NFT 交易平台）账户。
- 在 OpenSea 上创建 NFT 集合。
- 在 OpenSea 上铸造 NFT。

为了使讲解过程尽可能清晰简洁，本章以目前最流行的数字艺术 NFT 作为案例进行讲解。

创建 NFT 的各个要素

第一步是创建 NFT 的各个要素，NFT 的要素包括以下几种（第 2 章也曾部分提及）。

- 名称。
- 主要内容。
- 可预览内容。
- 说明。
- 属性。
- 可解锁内容。
- 福利。
- 持续的版税。
- 供应量。
- 外部链接。

以下我们会逐一介绍这些要素，但是会打乱排序。

主要内容

创建主要内容是发行 NFT 的第一步，也是最重要的步骤，因为主要内容是 NFT 的核心。

例如，Meebit 使用 3D 角色图像作为 NFT 的主要内容。买家购买 Meebit 后，就可以解锁相关的 3D 文件（后文会提到其他可解锁内容）。Meebit 的创始团队是 Larva Labs，Larva Labs 以现象级 NFT 加密朋克而闻名。Meebit 包括20 000个由人工智能（AI）生成的角色，每个稀缺度都不同。Meebit 的灵感在于，想让人们在虚拟世界、视频游戏和 VR 中使用这些角色作为人物化身，Meebit 的所有者可以通过解锁 OBJ 文件①，将角色导入动画和建模软件当中，不过这套 NFT 主要内容只有一个简单的图像，暂时只能用于用户炫耀自己的数字藏品。

普通人看到像 Meebit 这样的蓝筹项目，很可能会觉得自己没办法创建出和它一样具有视觉吸引力的 NFT。不要担心，你可以从简单的 NFT 下手，只需用手机拍摄照片或视频，或使用自己照片库中的照片或视频，就可以创建 NFT。

如果觉得自己很有创意，那你也可以用各种材料制作数字艺术品，尽情发挥，然后将艺术品扫描（或拍照）制成数字文件。

如果你想用数字媒介创作数字艺术品，可以使用以下这些免费软件、网站和应用程序。

- Krita（Krita. org），可下载到电脑上。
- Infinite Painter，适用于手机端。

---

① 一种 3D 模型文件格式。——编者注

- Bomomo. com，可以创作抽象艺术品的网站。
- Pixelart. com，可以创作像素艺术品的网站。

你可以放手一试，马特就做到了（见图6.1）。

图6.1　马特用 Bomomo 绘制的抽象艺术品

任何尺寸的照片或作品都可以用于制作数字艺术品，但请注意，大尺寸比小尺寸更佳，因为这样图片就可以在大屏幕上显示，不过这个要求不是绝对的。图片应该尽可能使用高分辨率的图像，需要注意的是，NFT 交易平台存在文件大小的限制。这里我们以 OpenSea 平台为例，OpenSea 允许的最大文件容量为 40MB。

视频文件要确保高清，但注意视频播放时间不要太长，以保持在文件容量的限制内。

如果你有创意，却不具备艺术天赋，也可以聘请创作者来创作，你可以访问 Fiverr. com 和 Upwork. com 来寻找创作者。

有时候，NFT 的主要内容包含在可解锁内容中，不过，上传 NFT 的封面图在任何时候都是必须的。例如，如果马特创建了一个文本类型的 NFT，这个故事作为可解锁内容，仍需主图作为这个 NFT 的封面。

> 使用名人肖像可能会遇到相关法律问题。另外，切勿轻易从互联网上下载任何图片作为 NFT 主要内容，这种操作很可能涉及侵权。关于这方面问题的详细讨论，见本书第 9 章。

名称

NFT 的名称是很直白的要素。一旦主要内容设计妥当，给 NFT 起个什么名字呢？

NFT 的名称至关重要，它是在竞争激烈的市场中脱颖而出的第一要务。2015 年，概念艺术家莎拉·梅奥哈斯（Sarah Meyohas）进入 NFT 领域，其作品的命名——"Bitchcoin"引起了轰动。在接受雅虎财经（Yahoo Finance）的采访时，莎拉说这个名字代表"一种真诚的交易模式，用艺术品将区块链、代币化和对模因讽刺性的预测引入美术领域"。6 年后，这些趋势愈加明显。

Bitchcoin 成为一类加密货币，收藏者可以将其作为投资标的持有，也可以用它来兑换莎拉的实体艺术作品合集"花瓣云"（Cloud of Petals）。现如今，加密货币和 NFT 收藏家已经证明莎拉是正确的，加密领域中任何具有讽刺意味或"模因化"的东西都极具吸引力。

而 Bitchcoin 的文字内涵，也在收藏家圈子中产生一定影响，因为它的名称吸引了大家的注意力，而艺术品和故事则增加了内容实质。

基于本章的写作目的，我们将创建一个独特的 NFT（也就是只发行 1 个）。如果你愿意，可以把"（1 of 1）"添加到 NFT 名称里，但这不是必需的。通常创建 NFT 会从整个 NFT 收藏集开始，以区别于该收藏集的其他版本，例如，罗布·格隆考斯基的"职业生涯闪光时刻卡（1-of-1）"。

如果打算制作多个版本的 NFT，可以在名称中加上"（×of×）"，如朱利安·埃德尔曼超级碗（14/30）。那些一套多个的 NFT，通常会在名称的末尾或者开头用"（×of×）""（×/×）"来表示。

可预览内容

如果 NFT 的主要内容是图像（或 GIF），就不会有单独的可预览内容。但如果 NFT 的主要内容是音频或视频文件，就需要添加图像（或 GIF）作为可预览内容。只需按照之前列出步骤操作即可。可预览内容通常与音频或视频文件有关，比如我们会用视频中的一帧作为可预览内容。

福利

如前文所述，从技术上来讲，福利不属于 NFT 本身，它的存在意在激励人们购买 NFT，提升 NFT 的价值。

比如加里·维纳查克已经以 NFT 的福利为主题，构建了整个 VeeFriends 收藏集，包括 10 255 个 NFT，根据自己所拥有 NFT 的福利来区分其稀有性。例如，未来 3 年，9 400 个包含入场券福利的 VeeFriends 所有者可以参加 VeeCon 会议，555 个包含礼品券福利的 VeeFriends 所有者在未来 3 年每年都可以得到至少 6 件以上的实物礼物。而最稀有的级别，是 300 个包含访问权福利的 VeeFriends，所有者可参加加里举办的保龄球会议、头脑风暴小组会议和一对一咨询等。

福利可以是任何形式，只要确保这些福利是 NFT 发行者有权且有能力提供的东西（不属于其他人），不能承诺提供无法实现的东西。

关于福利的重要说明：为所有未来的 NFT 所有者提供福利是不明智的，特别对于独特的项目，就更不能这样做。NFT 福利通常是限定的，比如给最初拍卖的最高出价者；或者可以规定，在某个特定的日期区间，拥有 NFT 的收藏者可以获得福利。例如，VeeFriends 的 NFT 福利在 3 年内每年都可以兑换，其规定每年是从当年的 5 月 6 日开始，即这个 NFT 项目发行的纪念日。VeeFriends 的所有者会被核实 NFT 的所有权，这样就可以明确兑换福利的数量和范围。

当然，你如果愿意，也可以向未来 NFT 的所有买家提供福利。但我们不推荐这样做，因为 NFT 交易如果过于频繁，就不好管理了。

可解锁内容

想提供只有 NFT 所有者可以访问的独家内容？正如本书第 2 章所讨论的，可解锁内容包括任何类型的内容，如图片、视频、PDF 文件、网站的登录凭证、电子邮件等，还可以是名言警句。

如前所述，每个 Meebit 都附带一个 OBJ 文件作为可解锁内容。但如果你还记得本书第 2 章提到的，NFT 的可解锁内容只能是文本。所以，如果可解锁内容是实际的文件（如图片、视频等），就需要将这些文件安全地存储在互联网的某个地方，并提供一个链接。理想情况下，这些文件会有密码保护，不是任何人都可以访问它，可解锁内容应该只对 NFT 所有者开放。

如果 NFT 包含福利，可以在可解锁内容中提示买家如何取得福利。如果 NFT 福利是一个实物，可以注明让买家给发行者发电子邮件，NFT 发行者再通过电子邮件（或者邮局邮件）给 NFT 买家发送福利。也可以通过文件或链接将可解锁内容发给 NFT 买家。这里建议不要使用平时用的电子邮箱，而要专门新建一个电子邮箱用于这项工作，没人希望自己每天用的电子邮箱出现在互联网的各个地方，也不希望买家或任何潜在的未来买家源源不断地给你发电子邮件。

注意，你要对可解锁内容和福利负责，但要确保可解锁内容对 NFT 的所有者和未来的所有者持续有效。如果你不愿意承担这个责任，就不要给自己的 NFT 附加任何可解锁内容或福利。

说明

这一点也比较好理解，你需要对发行的 NFT 进行描述。有些人喜欢简短的说明，有些人喜欢深入细节。事实上，NFT 说明并不是必需的，以下是关于 NFT 说明的一些提示。

- 如果你发行的 NFT 数量为 1，就要明确提到这一点，可以使用"独特"或"独一无二的"这类带有隐含意义的词语，让大家注意到该 NFT 将永远不会再被铸造。如果 NFT 是某个系列的一部分，就要在说明中提到版本号和版本中 NFT 的总数。例如，"此 NFT 是 30 个中的第 5 个"，也可以说，"这个 NFT 限量发行 30 个，每个版本都会按照顺序编号"，还可以加上"不会再有其他版本发行"。

- 如果发行的 NFT 有额外福利，需要在说明中清晰准确地描述，因为不希望公众对福利有所误解。此外，像前文提到的，如果福利仅限于 NFT 的首个买家，就必须清楚说明这一点。例如，罗布·格隆考斯基"职业生涯闪光时刻卡（1-of-1）"的说明是："除了赢得职业生涯闪光时刻的 NFT，本次拍卖的最高出价者，将获得……"这种说明越精确越好，与其说是"此次拍卖"，不如说是"首次拍卖"。注意，本文并不属于任何意义上的法律建议，只是提示说明要尽可能精确，以防产生误解。

- 此外，正如之前所讨论的，你可以给 NFT 的说明中增加一个日期，这样的话，只有在该日期范围内 NFT 所有者才能解锁福利。因为 NFT 可能在某个交易日内被多次转让，如果只说明单个日期，那么可能会出现两个（或更多）NFT 所有者。因此日期要更加精确，可在日期中指定时间和时区。例如，"必须在 2021 年 5 月 8 日美国东部时间上午 10：00 持有此 NFT，才能解锁此福利"。
- 如果有可解锁内容，可以在说明中具体描述，也可以将它作为一个额外的惊喜。这里建议具体描述，如果这项内容能为 NFT 增加价值，激发潜在买家的好奇心，提到它就很有必要了。

可解锁内容有时是 NFT 的主要部分。例如，你为你的 NFT 写了一首诗或短故事，你肯定想要在说明中提到它。

持续的版税

此功能允许 NFT 创作者从 NFT 的未来销售中获得收益。每当 NFT 被售出（至少是在 NFT 最初的创建平台上），创作者将获得这些销售额的一部分，还可以选择版税的具体比例。

请注意，如果选择的比例太高，这将会对 NFT 的未来所有者出售产生负面影响。例如，你选择 50% 的版税，有人以 1 ETH 的价格购买 NFT，那么他必须以至少 2 ETH 的价格出售它才能获得利润，并且交易平台也会收取一定比例的费用。我们推荐 10% 的版税。当然，你可以自由选择。

供应量

你可以将 NFT 的供应量定为 1，许多 NFT 都是这样的。这将简化 NFT 的创建和出售过程，而不会稀释 NFT 的价值。

外部链接

在 OpenSea 上，你可以提供一个链接。这个链接将显示在 NFT 的详细页面上，链接到一个展示 NFT 更多细节的网页。例如，你的 NFT 创作背后有个比较长的、不方便放到说明中的伟大故事，你就可以把完整的故事放在单独的网页上。外部链接可以链接到任何网页，但通常这个网页应与发行的 NFT 相关。当然，外部链接不是必选要素，没有可以链接的网页也是可以的。

创建加密钱包

如果你还没有接触过区块链，加密钱包就是进入区块链和加密货币世界最令人兴奋的部分。创建 NFT 需要加密钱包，这里是指以太坊钱包。在以太坊钱包中可以存放 ETH、ERC20 代币和 NFT。当然还有其他支持 NFT 的区块链，但本节将专注于最流行的 NFT 公链——以太坊。

创建 MetaMask 钱包

以太坊钱包有很多选择，这里我们以最流行易用的 MetaMask 作为示例。它可以在谷歌、火狐、Brave 等浏览器进行扩展安装。你可以在这 3 种浏览器中任选其一，如果尚未安装浏览器，请先下载并安装。

在手机端也可以使用 MetaMask 钱包。但由于我们将会铸造一个 NFT，更建议在电脑上完成。因此，如果你的 NFT 主要内容是在手机上，请确保已经将其传到电脑上。

（1）使用上述 3 个浏览器中的其中一个进入 MetaMask. io（见图 6.2）。

（2）点击"下载"（Download）或"立即下载"（Download Now）按钮，会显示如图 6.3 所示的页面。

（3）点击"安装 MetaMask"（Install MetaMask）按钮，浏览器名字也会出现在按钮上。注意，如果用的是 Brave 浏览器，也点击写着"安装到 Chrome"（Install MetaMask for Chrome）的按钮。

（4）在下一个页面，点击"添加到火狐"（Add to Firefox）按钮或"添加到 Chrome"（Add to Chrome）按钮或"添加到 Brave"（Add to Brave）按钮，这里浏览器会提示你是否要添加 MetaMask 扩展应用，点击"添加"（Add）或"添加扩展应用"

图 6.2　MetaMask 主页

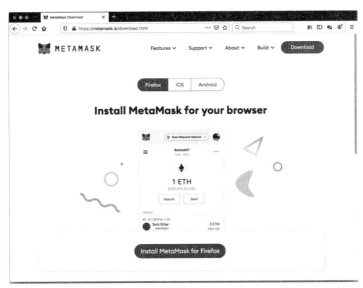

图 6.3　MetaMask 下载页面

（Add Extension）。

（5）在下一个页面，点击"开始"（Get Started）按钮，会显示如图 6.4 所示的页面。

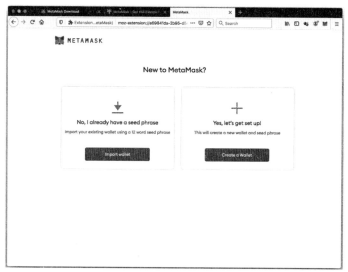

图 6.4　MetaMask 新手页面

通过这个页面可以导入现有的 MetaMask 钱包。所以，在创建了 MetaMask 钱包后，如果想在不同的浏览器或设备上使用，可以点击"导入钱包"（Import Wallet）按钮。当然，你也可以在不同的浏览器或设备上创建一个全新的 MetaMask 钱包，这样就可以有多个 MetaMask 钱包了。由于现在创建的是你的第一个 MetaMask 钱包，需要点击"创建钱包"（Create a Wallet）按钮。

（6）在下一个页面，可以选择是否愿意与 MetaMask 分享匿名数据，以帮助钱包官方提高钱包的可用性和用户体验，两种选项都可以。

（7）下一个页面是创建密码，你要创建一个无人能破解的密码。你要么记住这个密码，要么把它写下来并存放在安全的地方，千万不要简单地存在你的电脑上。

请注意，这个密码将专门用于当前使用的浏览器和设备。如果将 MetaMask 钱包导入不同的浏览器或设备，就需要单独创建一个新的专用密码，因此尽管在其他浏览器或设备上用的是同一个 MetaMask 钱包（内容相同），但它将会有一个不同的密码。

（8）点击并查看使用条款，对表示已经阅读并同意使用条款的选项打钩。

（9）单击"创建"（Create）按钮，会显示如图 6.5 所示的页面。

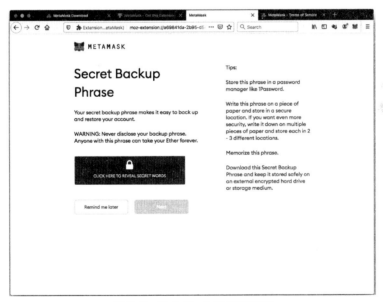

图 6.5　MetaMask 助记词页面

助记词，是钱包的私钥。谁拥有你的助记词，谁就可以把你的钱包导入其设备（见上述第 5 步），并将你的加密货币和 NFT 转走（偷走）。本书第 3 章讨论了一些需要警惕的常见骗局，当然还有更多需要注意的安全陷阱，因为骗子会试图让你透露你的助记词。请保持警惕，在任何时候都不要向任何人透露你的助记词。

助记词的重要性

永远不要透露你的助记词。

除此之外，还有一点很重要，即不要丢失助记词。如果电脑丢了或者因为各种原因坏了，那么，你可以访问钱包的唯一方法就是在另一台设备上导入你的助记词（见第 5 步）。如果丢失了助记词，那么你将无法访问加密钱包，并且会失去所有的加密货币和 NFT。当然，它们实际上并不是消失了，只是你无法转移或出售它们，当然这里还有其他需要注意的提示，我们来逐个探讨。

- 建议不要把数据存储在像 1Password 这样的密码管理器中，倘若有人能访问你的密码管理器，钱包就会完全受他人控制。

- 建议将助记词写在一张纸上，并将纸存放在一个安全的地方，这里所说的安全之地不是办公桌的抽屉，而必须是像保险箱或金库这种需要钥匙、密码、通行证或进行

生物识别的保管处。此外，网页上还有建议，如果想更加安全，可以将助记词写在多张纸上，再分别存放在不同的地方。如上文所述，存放地点必须足够安全。请注意，多个存放地点有助于你想起助记词，但增加了被盗取的可能性，因为存放助记词的地点越多，被盗走的可能性就越大。

- 背会助记词，这是可选方案。有人觉得背诵 12 个随机的单词是个巨大的挑战，但联想记忆法可能会有所帮助。例如，把助记词连成这样一句话，"My very educated mother just served us nine pies"（我非常有教养的母亲，刚为我们端上了九个馅饼）。这种记忆法仅依靠背诵，如果由于某种原因你并没有百分之百地背会，那么在需要助记词的时候，就糟了。

- 不建议你下载助记词，但可以把助记词安全地存储在外部加密硬盘等存储设备内。这里详细说明一下，加密硬盘、闪存驱动器和其他存储介质适合存储助记词的前提是，这些存储设备是加密的。你也可以把助记词保存在电脑上的一个受密码保护的文件夹里，从技术上来说它是一个可加载的驱动器。与其将助记词直接下载到电脑上，更建议存储到一个加密设备或受密码保护的文件夹中，打开电脑上的记事本，剪切再粘贴或直接输入助记词，再将记事本保存在加密设备或受密码保护的文件夹中。

现在你已经明白了助记词的重要性，点击 MetaMask 网站上的"点击这里获得助记词"（CLICK HERE TO REVEAL SECRET WORDS）。写下这些助记词（按照前面的建议）。要知道，单词的顺序很重要，因此一定要按顺序写下来。然后点击"下一步"（Next）。

（10）在当前页面上，按顺序点击助记词的每个单词，如果不小心出现错误，也可以通过点击和拖动来重新排列框中的单词，完成后点击"确认"（Confirm）。

（11）下一个页面再次出现提示，阅读完毕后，最后点击"全部完成"（All Done）。

此时可能出现一个要求兑换的弹窗，现在先不要兑换，留到未来再操作。本书将在第 8 章讨论兑换问题。现在关闭这个弹窗即可。

恭喜，你刚刚创建完一个 MetaMask 钱包。

关于 MetaMask 钱包

现在应该到了如图 6.6 所示的页面。

加密钱包地址

点击页面顶部的"账户 1"（Account 1），地址将被复制到剪贴板上。这是你的 MetaMask 钱包的地址。你可以将它想象成一个普通的快递地址，如果有人要给你寄支票，你会提供一个地址，

图 6.6　MetaMask 钱包

让他把支票寄到该处。同样，如果有人给你发送 ETH、ERC20 代币或 NFT，你要先把你的 MetaMask 钱包地址发给他，然后他会把 ETH、ERC20 代币或 NFT 发送到这个钱包地址。

正如本书在第 3 章中所讨论的，可以将加密钱包地址输入区块链浏览器（如 Etherscan. io 或 Ethplorer. io）中，以查看该地址的所有内容以及该地址发生的所有交易。知道你地址的任何人都可以看到这些信息，这很好，这也是区块链透明度的一部分。单击"账户 1"（Account 1）右侧的 3 个点儿，选择"账户详情"（Account Details），会出现一个弹窗，显示你的 42 个字符的完整加密钱包地址，以及该地址的二维码。大多数移动端钱包可以扫描二维码地址，不必剪切再粘贴地址以发送给其他人。

还可以通过点击铅笔图标在弹窗中更改账户名称，点击复选标记以保存更改。为账户命名不是必需，但如果在钱包中绑定多个账户，这样做是有用的。为什么会有多个账户？例如，你在特定 NFT 交易平台上拥有多个账户，那么每个账户都会有一个地址。或者你需要一个用于 NFT 的地址，还需要另一个用于加密货币交易的地址。

要创建更多地址，点击页面右上方的圆圈，然后点击"创建账户"（Create Account）。输入账户名称，然后点击"创建"（Create），就完成了。通过再次点击右上角的圆圈可以切换不同账户。

关于使用加密地址的说明：最好始终剪切再粘贴这个地址（或扫描二维码）。千万不要一个字、一个字地打出地址，特别是对那些即将要给你发送加密货币或 NFT 的人，如果你在打字过程中拼错了一个数字或字母，就无法收到他们发送的任何内容。

钱包可以显示你的资产（钱包中的 ETH 和其他加密货币的数量）、资产当前的价值，以及交易活动（钱包里的交易）。请注意，钱包里的每个账户都有不同的资产和活动。从技术上讲，NFT 和加密货币并没有存储在你的 MetaMask 钱包里。相反，它们都存储在以太坊上。每个区块链资产（NFT、加密货币）都有一个关联地址，你拥有的区块链资产与你钱包中的地址直接关联。

登录 MetaMask 钱包

要登录 MetaMask 钱包，请单击浏览器右上角的小狐狸图标，如果没有看到它，请单击浏览器右上角的拼图图标，然后单击扩展列表中的"MetaMask"。我们建议将 MetaMask 图标固定在浏览器上以便于访问。首先，单击拼图图标，调出扩展列表。然后，在扩展列表中点击 MetaMask 右侧的图钉图标。如果你使用的是火狐浏览器，小狐狸图标应该自动钉在你的浏览器上。

经常使用的钱包会保持活跃，一段时间后，你需要输入密码才能重新访问钱包。如果想要退出钱包，需要点击钱包右上角的圆圈，然后点击圆圈正下方的"锁定"（Lock）按钮。如果你与他人共享计算机，或周围有其他人可以访问计算机，强烈建议你退出（或者锁定）钱包。因为如果钱包没有被锁定，任何使用你电脑的人都可以转移你钱包里的所有加密货币和 NFT。

创建 OpenSea 账户

OpenSea 是最大的 NFT 交易平台。在我们看来，这个平台也是对用户最友好的。此外，尽管第一次上架 NFT 进行销售时，需要支付部分手续费，但仅仅铸造 NFT 是不需要支付的。本书将在下一章介绍在平台上出售 NFT 的具体细节。

（1）用刚才创建 MetaMask 钱包的浏览器，访问 OpenSea. io 网站，在主页点击"创建"（Create）按钮，或点击右上角的头像图标，然后点击"我的个人资料"（My Profile）。

（2）在下一个页面，网站会要求登录你的 MetaMask 钱包。点击"登录"（Sign In）按钮，MetaMask 钱包就打开了（见图 6.7）。

图 6.7　将 MetaMask 钱包连接到 OpenSea

（3）选中账户后，点击"下一步"（Next）按钮。钱包会发送通知，问你是否允许 OpenSea 查看授权账户的地址，这是必备步骤，点击"连接"（Connect）按钮。

现在应该到了如图 6.8 所示的页面。

恭喜你成功创建了 OpenSea 账户，如果要出售 NFT，可以添加一张头像图片和横幅图片，点击头像圆圈来上传头像图片，首

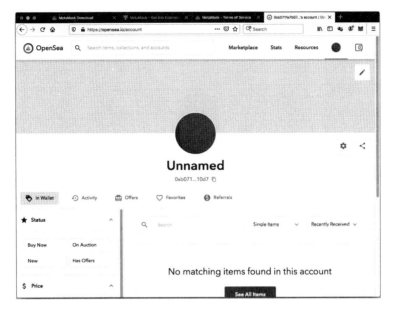

图 6.8　OpenSea 账户页面

选尺寸是 350×350 像素的图片。

　　点击右上角的铅笔图标即可上传横幅图片，尺寸约为 1 400×400 像素。请注意，横幅的视觉表现会因设备和浏览器窗口的宽度而异。OpenSea 建议，尽量避免在横幅中使用文本。此外，要将图像的重要部分保持在垂直中心，因为这是横幅显示的主要部分。

　　点击右边的齿轮图标，可以命名账户，本操作将会打开你的 MetaMask 钱包，单击"签名"（Sign）按钮。这一步代表你同意了 OpenSea 的服务条款。当然这也是一种安全机制，只有能够访问 MetaMask 钱包的人（也就是只有你自己），才能访问 OpenSea 账户中的设置功能。如果 MetaMask 钱包被锁定，请输入密码进行解锁。注意，你不需要创建 OpenSea 密码或其他登录凭证，因为 MetaMask 钱包能够提供保护账户的功能。

在"常规设置"（General Setting）页面输入与账户相关的用户名，也可以添加简介，我们建议添加简介，向世界表达作品背后的非凡故事。最后，输入电子邮件地址，完成后单击"保存"（Save）按钮。

之后会收到一封来自 OpenSea 官方的邮件，在收到的电子邮件中单击"验证我的电子邮件"（VERIFY MY EMAIL）以完成这一步骤。

访问你的账户信息，可以在 OpenSea 的任何页面右上角单击头像图标。

创建一个 NFT 收藏集

OpenSea 上的所有 NFT 都在相应的收藏集中，收藏集是指一组主题类似的 NFT。OpenSea 有成千上万个不同的 NFT 收藏集，如加密朋克、赛车游戏 *F1 Delta Time*、"罗布·格隆考斯基冠军"系列 NFT、*Decentraland* 上的服饰、"三个臭皮匠"官方 NFT、Ksoids，等等。每种 NFT 收藏集都像一个小店，所以想在 OpenSea 上创建一个 NFT 前，必须先创建一个收藏集，哪怕只想创建一个 NFT，这单个的 NFT 仍然需要归于某个收藏集之中。

本部分将指导你在 OpenSea 上创建收藏集，但是在正式创建前，首先要填写收藏集要素。

NFT 收藏集的要素

你的 NFT 收藏集需要以下这些内容与信息。

- 主题。
- 名称。
- 标志。
- 横幅图片。
- 特色图片。
- 说明。
- 链接。
- 持续的版税收益。
- 能收到持续版税的钱包地址。

我们逐一讨论这些要素。

主题

大多数 NFT 收藏集都有特定的主题，也就是说收藏集中的所有 NFT 都会与这个特定的主题相关。例如，"罗布·格隆考斯基冠军"系列 NFT 包含他获得 NFL 冠军的 NFT；"加密朋克"系列 NFT 包含的都是加密朋克，你一定猜对了。

你想制作何种 NFT？最喜欢的主题有哪些？不需要太花哨或是太有深度的主题。主题只是将所有 NFT 联系在一起，也可以构建各种不同的 NFT，关于主题并没有任何明文规定。

例如，你如果真的喜欢两个不同的主题，如老爷车和海豚，那么把这两个主题的 NFT 放在同一个收藏集中可能没有意义，最好是创建两个独立的收藏集：一个是老爷车 NFT，一个是海豚 NFT。事实上，你可以在你的 OpenSea 账户中拥有多个收藏集。因此，任何时候你想出一个新的专题或主题，你都可以重复这里的步骤，简单地创建一个新收藏集。

名称

理想情况下，收藏集的名称，应该能够概括收藏集的主题，就像前面的罗布·格隆考斯基和加密朋克的例子一样，你可以随意发挥创意，但要尽量避免模糊不清的名称。如果你的 NFT 收藏集中没有特别题材，也可以命名为"××的 NFT"或"××的举世无双的 NFT"。

标志

需要为 NFT 收藏集创建一个标志，建议尺寸为 350×350 像素。怎样的视觉效果能代表你的 NFT 主题？可以使用 NFT 的图片、个人照片、公司标志，以及任何其他有趣的视觉标志。我们建议你先在 OpenSea 上观察一下，看看其他 NFT 收藏集是怎么做的，当然也要观察其他收藏集的横幅图片和具体说明。

横幅图片

虽然这是可选项，但我们强烈建议为 NFT 收藏集创建一个横幅图片。因为一个空白的横幅区域看起来一点都不专业，特别是，如果你想出售 NFT，就需要有吸引人的横幅图片。收藏集的横幅尺寸为 1 400×400 像素，与个人头像相同，图像的外观也将根据设备和浏览器的宽度而改变。与标志一样，横幅图片可以提供补充主题或收藏主题的视觉效果，甚至可以作为收藏集标志图像的扩展版本，如图 6.9 所示。

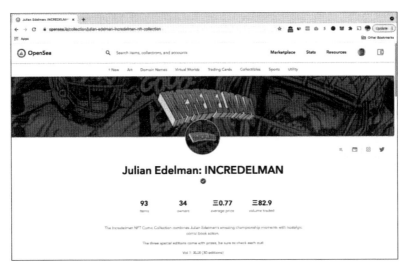

图 6.9　"Julian Edelman：INCREDELMAN"系列标志和横幅图片

特色图片

OpenSea 可以用你提供的特色图片（首页图），在 OpenSea 的主页、分类页面或其他宣传区域展示。所以，我们强烈建议创建一张特色图片，因为你永远无法知道 OpenSea 会怎样展示你的 NFT，这可能为你发行的 NFT 带来巨大的流量。

特色图片的建议尺寸为 600×400 像素，将你的横幅图片重新调整为这个尺寸。这既是简单的方法，更能给你的 NFT 展示一致的品牌形象，当有人点击特色图片转到你的 NFT 收藏集，可以知道自己来到的是专业的 NFT 品牌方展示区。

说明

尽管对 NFT 收藏集的说明也是可选项，但我们强烈建议写一段话。理想情况下，这个说明应该提供收藏集中的 NFT 相关信息，以吸引潜在买家。对于说明，并没有特别的规则，但以下有一些提示。

- 讲述一个故事。是什么激发了你创作 NFT 的灵感？
- 描述收藏集中的 NFT。
- 提供关于 NFT 艺术家的信息，可以是背景、影响，以及任何你感兴趣的东西。
- 如果有不同版本的 NFT 收藏集，可以具体列出它们，以及每个版本有多少 NFT。
- 描述任何吸引人的福利或可解锁内容。
- 如果收益将捐给某个特定的慈善机构，请提到它。
- 可以提醒大家 NFT 拍卖将在什么时候结束。

- 添加其他有趣的、相关的信息。

以上并不是一个详尽的清单，只是包含这些建议。只要你喜欢，就可以有创意、有细节地进行说明。只需注意，说明的限制是 1 000 个字符，可以使用 Markdown 语法。通过 Markdown 语法，可以使文本加粗、倾斜、放大标题的文字，以及添加其他功能。

你的 NFT 收藏集元素很难一次就做得完美无缺，不过这些都可以在未来修改。另外，本书第 7 章将提供可以让你的 NFT 收藏集更受市场欢迎的小贴士。

链接

在 NFT 收藏集页面上，可以通过设置链接，链接到你的网站和社交媒体账户，具体有以下这些平台。

- Discord。
- 推特。
- Instagram。
- Medium。
- Telegram。
- 你的个人网站。

尽管任何链接都可以，但建议你优先提供上述平台链接，因为它们可以让潜在买家了解更多关于你的 NFT 的信息，买家知道的越多，就越有可能下单。这类链接也有助于提高你的社交媒体关注度。另外，这些链接可以帮助 OpenSea 验证你的 NFT 收藏集，本章后面还会进行讨论。

持续的版税收益

本章前文对这个问题进行了讨论（作为 NFT 的一个方面），但从技术上讲，在 OpenSea 交易平台，版税比例是在收藏集设置中确定的，适用于收藏集中的所有 NFT。因此，如果你想为不同的 NFT 设置不同的版税比例，NFT 就必须从属于不同的收藏集。

能收到持续版税的钱包地址

每当卖出一个 NFT 时，资金（通常是 ETH）会按你填的地址转入你的 MetaMask 钱包里。你需要设置一个可持续运转的地址，才能持续收到 NFT 版税收入。这个地址既可以是 MetaMask 钱包地址，也可以是任何其他支持 ERC20 代币的以太坊地址。

现在已经创建并收集好所有需要的内容和信息，我们即将准备创建 NFT 收藏集。

NFT 收藏集的创建

要创建一个收藏集，请遵循以下步骤。

（1）在任意 OpenSea 页面上，将光标移到你的头像上，然后点击"我的收藏集"（My Collection）。进入"我的收藏集"页面，在"创建新的收藏集"（Create New Collection）框中，点击"创建"（Create）按钮。

（2）在弹出的"创建你的收藏集"中（见图6.10），拖动你已准备好的收藏集标志到标志框中进行上传。然后输入你想好的收藏集名称。接下来，输入（或剪切再粘贴）具体说明，完成后，点击"创建"（Create）按钮。

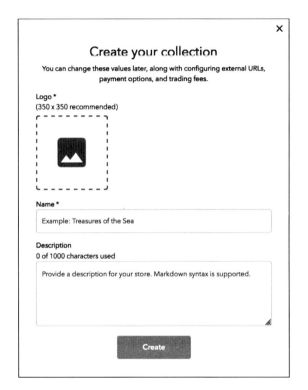

图6.10　"创建你的收藏集"弹窗

现在你有一个NFT收藏集了！

但全部工作还未完成，还需要把剩余的元素添加到收藏集中。

把光标移到你的头像上，选择"我的收藏集"，就可以进入"我的收藏集"页面。在"我的收藏集"页面，点击你刚创建的收藏集标志。

在 NFT 收藏集页面，要做的第一件事是添加横幅图片。点击页面右上角的铅笔图标，在电脑上找到横幅图片文件。

接下来，点击说明下面的"编辑"（Edit）按钮，将会到达"编辑你的收藏集"页面，在这里可以随时添加或改变你的收藏集中的任何元素。

此页面上要求的大部分信息都比较简单，特别是当你已经准备好了内容和其他信息时。

- 标志：图片框中已有你设置的标志，但你可以通过拖动新的标志到该框中来把目前的标志换掉。
- 特色图片：把想要的特色图片（首页图）拖到特色图片框中。
- 横幅图片：如果还没有添加横幅图片，记得把横幅图片拖到横幅图片框中。
- NFT 收藏集的名称：输入你的 NFT 收藏集的名称。
- 网址：可以定制你的 NFT 收藏集的 URL（网址），这个网站名称应该（但不是必须）与 NFT 收藏集的名称有关。
- 说明：将你对 NFT 收藏集的说明剪切再粘贴到此处。
- 类别：添加类别项，有助于使你发布的 NFT 在 OpenSea 上更容易被发现。点击"添加类别"（Add Category）按钮。

这里有 5 个类别可供选择，包括艺术、交易卡、收藏品、体育、实用类 NFT。请选择与你的 NFT 最相关的一项。

- 链接：输入你个人网站的地址、社交媒体链接或其他特定平台的链接。

- 版税：输入你想要的版税比例。例如，10% 的版税就输入 10（而不是 0.1）。输入后，将出现一个输入框，需要输入付款地址，剪切再粘贴你的支付地址。

- 用于支付的加密货币：这里是只可以用来购买 NFT 的加密货币。点击"添加代币"（Add Token）按钮，可以从列表中选择其他加密货币（ERC20 代币）。除非有某种你想要推广或者接受的特定代币，否则没有必要添加其他类别代币。

- 显示主题：这里会影响 NFT 的主要内容的显示方式，如果使用透明背景的 PNG 格式图片，那么选择"填充"（Padded）可能是最好的。否则，我们建议选择"适应浏览器"（Contained）。

- 明确敏感内容：如果你的内容比较敏感，不适合在上班时浏览，你可以把这个开关打开。如果这里不确定，最好还是谨慎行事。

- 合作者：如果和其他人共同创建 NFT，可以将他们添加为合作者。点击"添加合作者"（Add Collaborator）按钮，在弹窗中输入他们的以太坊地址。合作者将拥有类似于管理员的能力，能够修改 NFT 收藏集的设置，接收 NFT 的付款，改变收藏品的版税支付地址，创建新的项目。因此，在添加合作者时一定要谨慎。为了简化这个过程（也是为了更安全），我们建议不要添加任何合作者。

完成所有输入后，点击"提交更改"（Submit Changes）按钮。如果按钮是灰色的，可能是你遗漏了某些必须填写的信息或内容，也可能是需要解锁你的 MetaMask 钱包。

至此，你的 NFT 收藏集已经创建完成了（关于添加 NFT 的步骤我们将在下一部分介绍）。

在进入下一部分之前，你应该再次审查一遍创建好的 NFT 收藏集。如果你还在"编辑你的收藏集"页面，点击左上角的"返回'你的 NFT 收藏集名称'"链接；或者也可以将光标悬停在你的头像上，选择"我的 NFT 收藏集"，然后点击你的收藏集标志，就会跳到 NFT 收藏集页面上。想知道别人如何看到你的收藏集页面，请点击说明下面的"访问"（Visit）按钮，或者在浏览器中输入你的收藏集的网址。

要确保一切看起来都没问题，比如你的横幅图片的重要部分是否出现？说明是否完全正确？如果使用的是 Markdown 语法，这些部分是否出现了？你还应该检查右上角的外部平台链接。此外，如果是刚开始，统计数字将默认为零。这些数字将随着活动积累而自动更新。

如果需要进行修改，可以点击右上角的铅笔图标。如果不需要，就可以准备好铸造 NFT 了。

验证

在正式开始铸造 NFT 之前，先说一下验证。你可能已经注意到，有些 NFT 收藏集有一个蓝色的检查标记（见图 6.11）。同其他平台一样，蓝色的检查标记表示该收藏集是经过验证的。NFT 收藏集的所有者是经 OpenSea 官方审查并确认的人，这显然可以让买家在竞拍 NFT 的时候更为放心。

图 6.11　Akwasi Frimpong 的"兔子理论"是经验证的 NFT 收藏集

目前还无法在 OpenSea 上申请 NFT 收藏集的官方验证。只有当控制钱包的人或公司有被冒充的风险时，验证图标才会被添加到账户页面，这个功能通常被用于知名人物或组织创建的收藏集中。

OpenSea 上的大多数 NFT 收藏集都没有经过验证，所以不用担心你创建的 NFT 收藏集没有被验证过。

铸造 NFT

在 NFT 的早期，铸造 NFT 必须编写智能合约。从本质上讲，智能合约是在以太坊网络上运行的代码。从技术上讲，以太坊网络是以太坊虚拟机（EVM），即一台巨大的计算机，包含分布在世界各地的数千个节点。智能合约是一个用 Solidity 语言编写的计算机程序，而 Solidity 是一种类似于 JavaScript 的本地编程语言。

写完智能合约后，还必须对其进行测试，然后将其部署到以太坊虚拟机上。测试是一个关键的步骤，因为一旦被部署到区块链上，就无法修改了。每一个 NFT 都是一个不同的合约，当然，每次部署合约到区块链上都会有手续费。

现如今，随着 OpenSea 和其他 NFT 交易平台的出现，不需要会编写智能合约，也不需要会测试和部署。马特在业余时间会做一些编程工作，甚至也学会了 Solidity。因此，我们可以证实在 OpenSea 上铸造 NFT 是比较简单的。

现在你已经创建了 NFT 的各个要素，NFT 的实际铸造过程将会非常简单，现在就开始吧！

在 OpenSea 上，首先要把鼠标移到头像上，选择"我的 NFT 收藏集"，然后点击你的 NFT 收藏集标志。在 NFT 收藏集页面中点击"添加新项目"（Add New Item）按钮，现在就到了"创建新项目"页面（见图 6.12）。

- 图片、视频、音频或 3D 模型：这也是上传 NFT 主要内容的地方，把文件拖入框中即可。如果上传了一个音频或视频文件，会出现一个单独的预览图像框，你可以将预览图像（或 GIF）拖入预览图像框。
- 名称：输入 NFT 的名称。

图 6.12 "创建新项目"页面

- 外部链接：如果有的话，可以输入 NFT 的外部链接。

- 说明：将 NFT 的说明剪切再粘贴到这里，在这里也可以使用 Markdown 语法。

- 属性、等级、状态：正如本书第 2 章所讨论的，属性、等级、状态对于数字游戏交易卡 NFT 和游戏装备 NFT 非常重要。除非有令人信服的理由，或与 NFT 有直接关系，否则这里建议将它们留空。如果你创建的 NFT 有多个版本，例如一套有 10 个 NFT，可以将 NFT 按顺序编号为 1 ~ 10，一些 NFT 创作者会把这个编号放在状态中。这当然不是必需的，但如果想这样做，点击状态右边的 " + " 按钮。在弹出的窗口中，输入版本名称，然后输入 NFT 的编号，以及该版本中的 NFT 总数。完成后保存。

- 可解锁内容：如果 NFT 有可解锁内容，把开关打开，然后把可解锁内容填进去。如前所述，此处必须是文本，不能是文件，但可以使用 Markdown 语法。

- 明确敏感内容：如果 NFT 含有敏感内容，那么请打开开关。如果你不确定，最好保持谨慎。

- 供应量：如前所述，这里建议供应量为 1 个。

- 冻结元数据：冻结元数据将永久锁定 NFT 并存储在 IPFS 上，此后 NFT 将无法编辑。你必须先创建 NFT 项目，然后才能冻结元数据，这需要支付一笔手续费。你认为值得吗？当然这将增加你的 NFT 永久化的可能性，但还是取决于你是否愿意支付手续费，我们认为大多数创作者不会选择冻结他们的元数据。

请注意，OpenSea 还在不断迭代，创建新的 NFT 的选项可能会改变。完成所有输入项后，点击"创建"（Create）按钮。如果该按钮是灰色的，可能是你遗漏了某些必须填写的信息或内容，也可能是需要解锁你的 MetaMask 钱包。

恭喜你，刚刚创建并铸造了一个 NFT!

点击"访问"（Visit）按钮，可以看到你的 NFT。

现在你已经创建并铸造了一个 NFT，在下一章我们将告诉你如何出售 NFT。

第7章

出售NFT

本章将会逐一讲解如何出售铸造完成的 NFT，由于前文我们已经在 OpenSea 平台上创建并铸造了 NFT，因此这里还以 OpenSea 为例讲解如何出售 NFT。在 OpenSea 上架待售的 NFT 需要一些 ETH 用于支付手续费。所以，本章还会讲如何在加密货币交易所开立账户，如何为该账户提供资金和购买 ETH，以及怎样将 ETH 转账到 MetaMask 加密钱包。就算以前从未接触过加密货币也不需要担心，很快你就会如鱼得水。

关于交易所账户

在 OpenSea 上架、出售 NFT 需要手续费，需要在 MetaMask 钱包里存有 ETH 来支付这些费用。有些交易所会要求在铸造 NFT

时，支付手续费。即便不准备创建 NFT，只是打算购买 NFT，也需要 ETH（或其他加密货币）。NFT 属于区块链资产，因此需要使用加密货币购买和出售 NFT。那怎样获得 ETH 和其他加密货币？通常要通过加密货币交易所，这里有几个可供使用的著名交易所：Coinbase、Binance、Crypto. com 和 Voyager。在这些交易所中，特别是如果你在美国的话，我们推荐 Coinbase。因此，本章将以 Coinbase 为例进行说明。但你也可以凭你的喜好，使用其他交易所。

咱们开始吧，第一步是创建一个 Coinbase 账户。

创建 Coinbase 账户

Coinbase 是加密货币交易所，可以通过它用美元购买一些主流的加密货币，也可以将这些加密货币卖出以换取美元，然后将美元转到银行。

本节我们将指导你来创建 Coinbase 账户，如果已经有一个 Coinbase 账户或其他交易所的账户，可以跳过本节。

注意，在美国，必须年满 18 岁才能开设 Coinbase 账户。

在创建账户之前，确保准备好下列资料。

- 身份证。
- 手机（会收到验证短信）。
- 浏览器更新到最新版本（建议使用 Chrome 浏览器）。

让我们开始吧。

（1）进入 Coinbase.com，点击"开始"（Get Started）按钮。在弹窗中（见图 7.1），输入信息以及密码。正如前一章所述，不要把密码保存在电脑上（除非是在加密的驱动器上），最好把它写下来并保存在安全的地方。

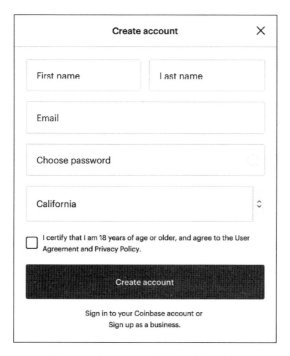

图 7.1　Coinbase "创建账户"弹窗

确保阅读用户协议和隐私政策，勾选同意和证明你至少年满 18 岁的方框。然后点击"创建账户"（Create Account）按钮，接着 Coinbase 会给你发送一封验证邮件。

（2）在收到的电子邮件中会有一个验证链接，点击"验证电子邮件地址"（Verify Email Address），会返回 Coinbase 并重新登录。

（3）Coinbase 会提示添加电话号码。可以选择国家和地区，输入手机号码，然后点击"发送验证码"（Send Code）。Coinbase 会给你发一个 7 位数的验证码。输入验证码，点击"提交"（Submit）按钮。

（4）在下一个页面，输入出生日期和地址，还需要回答几个问题，并输入你的美国社会安全号码①的最后 4 位数。点击"继续"（Continue）按钮。

（5）想要购买、出售、发送和接收加密货币，都需要先验证账户。首先，选择想使用的身份证明类型，然后选择一种上传方法，按照说明操作。

验证通常需要几分钟的时间，但 Coinbase 可能需要时间进行额外的验证。验证完成后 Coinbase 会给你发电子邮件。

保护 Coinbase 账户安全

强烈建议设置更安全的双因素认证来保护你的账户。注册 Coinbase 的时候，通常使用短信作为认证方法。需要注意的是，由于 SIM 卡交换骗局的存在，这种方法并不完全安全。

---

① 美国政府发给公民、永久居民、临时（工作）居民的一组 9 位数的号码。——译者注

SIM 卡交换骗局是指骗子打电话给移动运营商，让运营商相信他就是你，他会告诉运营商你有一部新手机，并让运营商把你的号码移植到他的手机上。在这种情况下，骗子会收到你的短信等其他信息。一旦骗子掌握了你的 Coinbase 密码，马上就可以进入你的 Coinbase 账户，然后转出（盗取）你所有的加密货币。

SIM 卡交换骗局会造成严重的损失。迈克尔·特尔宾（Michael Terpin）是一位著名的加密货币爱好者，因为 SIM 卡交换骗局导致近 2 400 万美元的加密货币被盗，他起诉了移动运营商。

更推荐用安全密钥作为双因素认证。可以用简单且方便的谷歌认证器（Google Authenticator），它的安全性也良好，需要你的实体手机（当然还有密码）才能进入你的 Coinbase 账户。

（1）如果还没有谷歌认证器，从手机应用商店下载并安装在智能手机上。

（2）在 Coinbase 页面右上角点击你的名字，然后在下拉菜单中点击"设置"（Settings）。在设置页面上，点击"安全"（Security）。点击页面中认证器区域的"选择"（Select）按钮。

在"确认设置更改"弹窗中，输入你通过短信收到的验证码，然后点击"确认"（Confirm）按钮。在"启用认证器支持"弹窗中会有一个二维码。

（3）进入手机上的谷歌认证器。点击" + "，选择"扫描二维码"（Scan a QR Code）。把手机对准电脑屏幕，将 Coinbase 二维码放入绿色方格内。现在你应该可以看到 Coinbase 会在谷歌认证器中列出，下面有 6 个数字。这 6 个数字就是你的双因素认证代码。

请注意，为了提高安全性，这些数字每 30 秒就会刷新一次。在倒计时结束前，需要在"启用认证器支持"弹窗中输入这 6 个数字，如果到了截止时间，只需输入新出现的数字，然后点击"启用"（Enable）按钮。

设置好以后，你再登录 Coinbase 时，就可以用谷歌认证器来进行双因素认证了。

连接银行

想要购买 ETH 和其他加密货币，需要先添加支付方式，我们建议添加一个银行账户。建议这样做的原因是，卖出加密货币后，可以从 Coinbase 提取资金到银行账户。如果不方便连接银行账户，你也可以用信用卡购买 ETH。

（1）在 Coinbase 上，进入设置页面，点击"支付方法"（Payment Method）。然后点击"添加支付方法"（Add a Payment Method）按钮。在"添加支付方法"弹窗中，点击"银行账户"［或使用贝宝（PayPal）、借记卡、电汇］。

（2）在下面的弹窗中，会显示 Coinbase 使用 Plaid（第三方服务）来连接你的银行。点击"继续"（Continue）按钮。从列表中选择银行，或者通过搜索找到你想连接的银行。

（3）输入账户和密码，用于登录银行，不要担心，这一步还是很安全的。点击"提交"（Submit）按钮。

这时，你会被问到想如何验证你的身份，做出选择并点击"继续"（Continue）按钮。

（4）输入收到的验证码，然后点击"提交"（Submit）按钮。选择想连接到 Coinbase 的银行账户，然后点击"继续"（Continue）按钮。Coinbase 应该需要 30 秒的时间来验证并添加你的银行账户。

恭喜你！现在你可以购买加密货币了。

购买加密货币[①]

现在你已经和银行连接，可以开始购买加密货币了，首先需要购买的加密货币是 ETH，用于支付在 OpenSea 上架 NFT 的必要手续费。

先要弄清楚该买多少 ETH。在 Coinbase 上，你所购买的加密货币以美元为单位。换句话说，你要选择买多少美元的 ETH。到底该花多少钱买 ETH，主要取决于以下 4 个因素。

- 具体需要多少 ETH。
- 当前的手续费。

---

① 这部分内容基于美国情况，我国读者对加密货币的交易须遵守我国相关部门的规定。——译者注

- 当前的 ETH 价格。
- 存有舒适的缓冲区。

让我们逐一分析每个因素。首先，在 OpenSea 出售 NFT 需要两笔一次性支付的手续费，下列每次交易各需要付一次。

- 初始化账户，做出卖出指令，每个账户只需要进行一次。
- 当卖出 NFT 时，OpenSea 需要访问你的 NFT（如果你有 NFT 收藏集的话，会访问你 NFT 收藏集中的所有物品）。

把 ETH 从 Coinbase 转移到 MetaMask 钱包时，也需要支付一笔手续费。因此要注意这三笔手续费。不过，每笔费用是不同的，不同类型的交易需要的手续费不同。

在 OpenSea 上架 NFT 需要支付的手续费，根据网络拥堵情况会有不同，我们发现它最低能到 35 美元，最高能到 812 美元，这是一个很大的范围。请注意，这是 OpenSea 所要求的两种手续费的总和。一次简单的 ETH 转移，例如从 Coinbase 转账到 MetaMask 钱包的手续费，通常是这个数字的 1/20 或者稍高一点。

要获得当前手续费估算，请访问 etherscan. io/gastracker。在那里可以看到当前手续费，以及每笔交易的平均时间。手续费以 gwei 为单位列出，即 0.000 000 001 ETH（见图 7.2）。

手续费的美元价值等于 gwei 的数量乘以 ETH 的当前价格（这就是上文所列出的第 3 个因素：当前的 ETH 价格）。图 7.2 中

ERC20 代币转让的实际平均手续费将在 2.98 美元 ［"平均"（Average）框中列出的金额］和 9.21 美元 ［在 "ERC20 转移成本"（ERC20 Transfer）中列出的金额］之间。

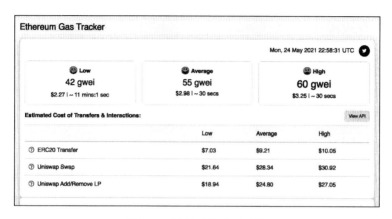

图 7.2　ETH 手续费追踪器

这里有一个经验法则，想要粗略估计需要多少手续费，可以取前一个数额（本例中为 2.98 美元）并乘以 20 来计算你需要多少 ETH 用于在 OpenSea 出售 NFT 的手续费，再加上后者（本例中为 9.21 美元），作为将 ETH 从 Coinbase 转移到你的 MetaMask 钱包所需的手续费。因此，在这个例子中，将需要大约 2.98（美元）×20 + 9.21（美元）= 68.81（美元）的 ETH，用来支付手续费。

为了更准确地了解在 OpenSea 出售 NFT 需要的手续费，我们建议在 OpenSea 上架 NFT 的流程中查看。在 NFT 上架过程中，将可以看到需要多少手续费的准确数字，这部分在本章后面会有详细描述。我们再回到购买 ETH 的流程中。

此外，手续费是波动的，可能会突然飙升，将 ETH 转到你的 MetaMask 钱包也可能需要一段时间。首先，从银行转账可能需要数天。其次，第一次从 Coinbase 转账可能也需要几天时间，因为 Coinbase 通常会出于安全原因放慢首次转账速度，以确保是真的在进行交易。这些延迟是很麻烦，但因为 Coinbase 是值得信赖的安全交易所，这些延迟还是可以忍受的。

这里有一点要注意，通过以上步骤，当你的 MetaMask 钱包收到资金的时候，手续费可能有很大的不同。因此，我们建议至少购买预估金额的两倍，也就是至少 250 美元的 ETH。但即使是这个数额，也可能严重不足。你也可以只购买 100 美元（或更少）的 ETH，等手续费降下来，再上架出售你的 NFT。

如果你想要购买 NFT，那么我们建议你购买相对多一点数量的 ETH，因为这不仅可以支付必要的手续费，而且还可以用于购买 NFT。

在 Coinbase 仪表板上，可以点击顶部的"买入/卖出"（Buy/Sell）按钮。在弹窗中（见图 7.3），首先选择想购买的加密货币，如选择 ETH。

然后选取一个美元数额，或点击"自定义"（Custom）框输入特定数额。如果输入了特定金额，可以点击"预览购买"（Preview Buy）按钮。

查看金额，确保你买的是 ETH。Coinbase 确实会收取少量费用，因此你收到的 ETH 价值要比付出的金额少一些。请注意，Coinbase 收的费用并不会等比例提升，也就是说，如果是购买小

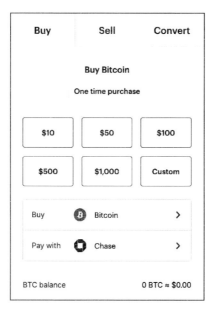

图 7.3　Coinbase"购买"弹窗

额 ETH，费用会占较大比例，大额购买的比例则小得多。因此，请记住，从费用上来说，最好进行大额购买。我们都不建议购买价值低于 50 美元的 ETH。如果一切就绪，可以点击"现在购买"（Buy Now）按钮，交易可能需要几分钟的时间才能完成。

　　祝贺！现在你已经正式进入加密世界。

给 MetaMask 钱包充值

　　现在你已经购买了一些 ETH，可以把它们转到 MetaMask 钱包中。请认真阅读这部分，因为如果你在加密货币转账过程中犯了错误，可能会造成很大损失，有可能丢失你所转的所有金额。不要担心，只要谨慎，就没问题，而且很快你就会非常熟悉加密货币转账的流程。

（1）登录 Coinbase。

（2）打开 MetaMask 钱包，点击顶部的"钱包地址"，就在钱包的账户名下（请参考图6.6）。

现在你的 ETH 地址应该已经被复制到电脑的剪贴板上了，打开记事本或其他文本编辑软件，将地址粘贴在那里。确保地址的开头和结尾与你的 MetaMask 钱包中显示的地址完全一致。

（3）返回 Coinbase。在主页点击右上角的"支付/接收"（Send/Receive）按钮，"转账"弹窗就会出现（见图7.4）。

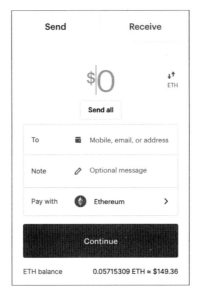

图 7.4　Coinbase"转账"弹窗

请注意弹窗中的"支付方式"（Pay with）部分。如果没有显示 ETH，请选择 ETH。

（4）将地址粘贴在发送弹窗的"收件人"（To）部分，确保它与粘贴在文本编辑器中的地址完全一致。

输入想转账的 ETH 金额，注意，账户的 ETH 余额会在窗口的底部显示。准备好后，点击"继续"（Continue）按钮。

（5）仔细核对这些信息：要转账的金额、要转账的地址、要转账的币种。

这里所说的转账金额，可能与输入的金额不完全相同。这是因为在输入转账金额后，ETH 的价格会因波动而发生变化。如果一切正常，点击"现在转账"（Send Now）按钮。

（6）输入双因素认证代码，然后点击"确认"（Confirm）按钮。

如果这是你第一次从 Coinbase 转账加密货币，可能会延迟。通常，ETH 会在 10 分钟内出现在 MetaMask 钱包中。

出售 NFT

现在已经设置好了一切，并且有了 MetaMask 钱包的资金，是时候出售你的 NFT 并测试市场反应了。

出售 NFT 的方法

在 OpenSea，有 3 种方法可以出售 NFT。

- 开放出售，等待报价。
- 设置固定价格。
- 直接拍卖。

你也可以将 NFT 分组，进行捆绑销售，出售 NFT 并没有最佳方式，这主要取决于你的想法。

开放出售，等待报价

许多 NFT 创作者都不确定如何为自己的 NFT 定价，也不准备进行拍卖，只是将 NFT 公开，供大家报价。这就意味着任何人都可以对 NFT 报价，NFT 的创作者（或当前所有者）可以选择接受或者不接受相应的报价。

这种方法能够测试市场，也可以看到市场对你的 NFT 是否认可。但你不要坐视不管，只期待报价自己出现。因为如果没人知道你的 NFT，就不会有人主动前来查看。如果你想进行销售，必须推销你的 NFT（见本章后面的"NFT 营销"部分）。请注意，OpenSea 上的报价通常在 10 天后过期，并且发起报价的一方可以随时取消报价。

所以，如果你认可这个报价，就不要拖延。每当有人对你的 NFT 出价时，你都会收到来自 OpenSea 的电子邮件。一旦你将 NFT 上架，它就会自动进入市场。因为 OpenSea 是一个公开市场，所以不需要任何额外操作，就可以让别人对 NFT 出价。

设置固定价格

如果你对自己的 NFT 有一个心中预期的价格，也可以以这个价格设置你的 NFT，让所有人都能以这个价格购买 NFT。注意，买家的报价可以低于你设置的价格，你可以任意接受此类报价。

很难说价格设置的合理标准应该是多少，因为 NFT 通常是独一无二的，这也是其价格飙升的原因之一。同理，房屋出售时的价格通常是由近期相似房屋的销售情况所决定的（包括房屋面积、地段等）。如果你的 NFT 是一个系列，如以太猫，那么就可以参考其他以太猫近期的销售情况，为你的 NFT 设定合理的价格。

如果你的艺术品比较独特，那么这种可比性就不一定奏效了。像多数市场一样，价格变化主要是基于需求和供应。唯一的 NFT 和多版本的 NFT 表现不同，唯一的 NFT 价值会更高。

接下来需要评估市场需求。你的粉丝量级有多大？你能让潜在买家对你的 NFT 有多期待？后面的营销和推广活动是怎样的？

此外，还要考量 NFT 中包含的福利或可解锁内容的价值。

与其说定价是科学，不如说是一门艺术，特别是在刚起步的时候。只需根据前面提到的因素做出估计，建议你从较高价格开始，而不是从低价开始。第一，你永远不知道是否有人愿意以更高的价格哄抢它。第二，NFT 也会像酒一样，低价格传达的是低价值。第三，你可以随时降低价格，这不会让你在 OpenSea 上花费任何手续费。

直接拍卖

OpenSea 上有两种类型的拍卖供选择：英式拍卖和荷兰式拍卖。

（1）英式拍卖。英式拍卖比较常见，出价从低到高，拍卖结束后，NFT 将授予出价最高的人。需要设置最低起拍价，还需要为拍卖设置底价，也就是你愿意接受的 NFT 的最低售价。如果在拍卖结束时没有人出价，或者低于底价，那么 NFT 将不会被出售。

请注意，在 OpenSea，如果在拍卖的最后 10 分钟内有人出价，拍卖的剩余时间将增加 10 分钟。这是为了防止人们在最后一秒突然拍下 NFT，而让所有其他潜在买家没有机会出价。

通常，直到拍卖接近尾声时，竞价才会升温，因为潜在买家不想过早地展示自己的报价。因此，如果拍卖开始时进展缓慢，不要灰心。如果拍卖结束时没有买家，不要担心。你可以随时为 NFT 举行另一场拍卖，你也可以将 NFT 以一个固定的价格上架，你还可以直接将 NFT 公开供大家报价。

（2）荷兰式拍卖。荷兰式拍卖是指 NFT 价格开始会很高，然后随着时间推移逐渐降低，第一个接受价格的人获胜，因此荷兰式拍卖不会像英式拍卖那样存在系列竞价。荷兰式拍卖的优势是人们总是害怕错过（FOMO）。因为参与者会担心，如果等得太久，别人会抢拍这个物品。而且，对竞标者来说没有第二次机会，一旦有人抢到了 NFT，拍卖就结束了。

我们建议设置一个明显高于你心中 NFT 价值的起价，因为你永远不知道，是否有人会提前对它动心。在 OpenSea，可以选择起始价格、结束价格和持续拍卖时间，而 OpenSea 将自动按比例降低价格，直到时间截止。

捆绑销售 NFT

出售 NFT 的另一种方式是把一组 NFT 捆绑在一起出售，你可以将所有的 NFT 组合在一起。捆绑销售的好处是，会让买家得到一整套特定的 NFT。例如，市场上出售 4 个罗布·格隆考斯基 NFT 组成的 NFT 组合，其中包含不同的冠军 NFT。

请注意，在 OpenSea 上只能用一个固定的价格来出售 NFT 组合。

上架 NFT 并开始销售

本部分将一步一步指导你如何上架 NFT 并进行销售。在正式开始之前，我们建议你再检查一下 NFT 收藏集的设置，收藏集的外观和描述是展示 NFT 的重要部分。

最重要的是，检查一下当前版税比例设置，以及版税支付地址是否正确（可参见第 6 章）。

在 OpenSea 上，回到出售 NFT 的页面。点击页面右上角的"出售"（Sell）按钮，就会转到该页面（见图 7.5）。

首先要检查持续的版税是否正确，它应该出现在费用区域，该区域在右侧的底部，OpenSea 费用的百分比之下。如果没有看

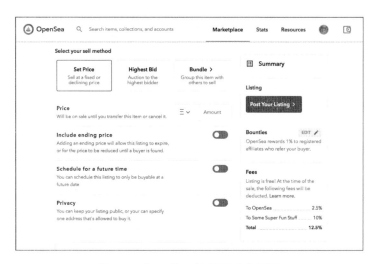

图 7.5　OpeaSea 的 NFT 上架页面

到 NFT 收藏集的名称和所设定的版税，或者版税不正确，请在继续之前修改你的 NFT 收藏集设置。

NFT 上架类型

如果各种设置都没有问题，下一步就是选择 NFT 上架类型，选择"设置价格"（Set Price）、"最高出价"（Highest Bid）（开始英式拍卖）或"捆绑销售"（Bundle）。如果想开始荷兰式拍卖，也需要选择设置价格。

（1）设置价格。参考图 7.5，价格设置的默认货币是 ETH，由三条横线的图标表示（见图 7.6）。

图 7.6　ETH 图标

这个图标在整个 OpenSea 中都被用来表示 ETH。点击该图标可以选择不同的货币来设置价格。目前，唯一可用的其他加密货币是 DAI 和 USDC。这两种货币都是与美元挂钩的稳定币。因此，1 DAI 或 1 USDC 的价值等于 1 美元（或极其接近 1 美元），这里建议用 ETH 设置价格，因为这是 OpenSea 上常用的货币。

如果想进行荷兰式拍卖，请打开"包含止拍价格"（Include Ending Price）开关，然后设置"止拍价格"（Ending Price）和"截止日期"（Expiration Date）及时间。如果不想用荷兰式拍卖，只需关闭"包含止拍价格"开关。

想要在未来某个时间开始 NFT 的销售，可以把"未来时间安排"（Schedule for a Future Time）的开关打开，选择希望 NFT 进入市场开始交易的日期及时间。

想要私下出售 NFT（给特定的人），可以将"隐私"（Privacy）开关打开。然后输入买家的 ETH 地址。该列表将不公开，只有与输入地址相连的人才能购买 NFT。

（2）最高出价。选择"最高出价"（Highest Bid），即可设置更为常见的英式拍卖（见图 7.7）。

首先，要设置"最低竞价"（Minimum Bid），与"设置价格"（Set Price）一样，可以选择加密货币种类，这里建议最低竞价不要设得太高，可以设为 0.01ETH，甚至设为 0。如果希望向市场传达你的 NFT 具备高价值信号，可以设置一个更高的最低竞价，但要注意，价格设置得太高，可能会影响买家出价意愿。

接下来，你需要设置一个"反向定价"（Reverse Price），

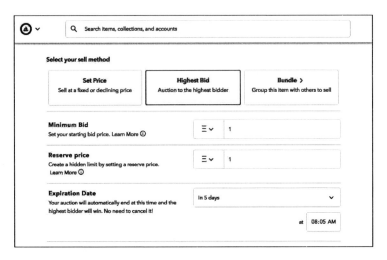

图 7.7 OpenSea 的最高出价设置

OpenSea 上需要一个反向定价，至少为 1 ETH，如前所述，如果拍卖结束时的最高出价没有反向定价那么高，那么拍卖将在没有成交的情况下结束。所以，不要把反向定价定得太高。

你可以在 OpenSea 的拍卖结束之前或之后接受任何出价。

最后，你需要设置拍卖的到期日和当天具体的结束时间。给自己足够的时间来传播拍卖的消息是很好的。此外，创造一种紧迫感也是有用处的，这将有利于缩短拍卖时间。我们建议设置为5 天，但 3 天和 7 天也可以。请注意，目前不能在 OpenSea 上设置在未来的某个日期开始拍卖。

（3）捆绑销售。选择捆绑销售可以打包出售两个或更多的NFT。在 OpenSea 的账户页面可以选择想捆绑销售的 NFT，点击一个 NFT，选择它，之后点击页面底部的"捆绑销售"（Sell Bundle of）按钮（按钮上将会显示选择的 NFT 数量），再返回到列表页面（见图 7.8）。

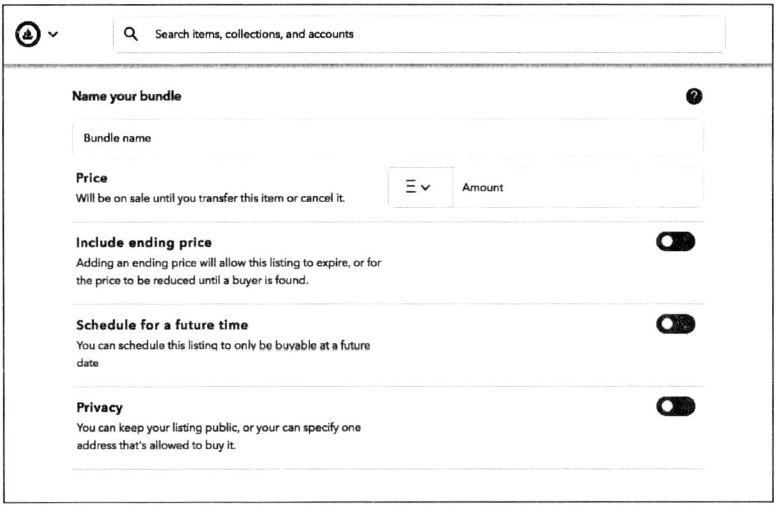

图 7.8　OpenSea 的捆绑销售设置

　　你要给捆绑销售的 NFT 命名，这里建议起一个描述性的名字，这样潜在买家就不必猜测或对捆绑的内容感到困惑，例如，格隆考斯基超级碗冠军组合。当然，你可以自由地发挥创意。

　　其余选项与前文讲的"设置价格"选项相同，请参考该部分。

正式发行 NFT

　　现在已经为 NFT 的上架设置了所有参数，请确保 NFT 上架页面右侧的"摘要"（Summary）区域都准备完善（见图 7.5）。如果一切都没问题，点击"上架发行"（Post Your Listing）按钮。如果这是你第一次进行 NFT 上架操作，MetaMask 钱包会弹出，显示需要支付的手续费。如果 MetaMask 钱包没有自动弹出，那么请手动把它打开。注意，显示的总费用应该与手续费是相同的。

如果目前手续费很高，或者你账户中的余额太低，以至于无法支付，那你可以先拒绝交易，以后再尝试上架 NFT。如果需要向 MetaMask 钱包添加 ETH。按照本章前面的步骤进行即可。如果一切正常，点击 MetaMask 钱包中的"确认"（Confirm）按钮，交易需要几分钟的时间才能被以太坊确认。如果网络拥堵，可能需要更长的时间，所以请耐心等待。在交易被确认后，还需要确认一笔小交易，以确保 WETH 的支出（请参阅本书第 8 章关于 WETH 的部分）。完成之后，你的 NFT 就上架成功了。恭喜！你已经创建了一个等待出售的 NFT。

下次再在 OpenSea 上架 NFT（以及未来所有的操作），将不需要支付任何费用。当你点击"上架发行"（Post Your Listing）时，你的 MetaMask 钱包将弹出，点击"签名"（Sign）按钮。如果创建了新的 OpenSea 账户，你需要为新账户中的第一次上架支付手续费。

现在你已经有了等待出售的 NFT，是时候让 NFT 的潜在买家感兴趣了。下面，我们将开始讨论 NFT 的营销方式。

NFT 营销

一个错误的认知是，很多知名企业和人物都是"一夜成名"。人们对这些故事的渴望在于，这些故事让所有人都有一种能够全凭运气达到目标的幻想。NFT 的世界也充满一夜成名的故事，因为对许多旁观者来说，这是个全新的领域。也许你会很容易就把成功的 NFT 营销看成一夜暴富，而不去深究这些创作者在进入 NFT 领域之前是不是知名艺术家，是不是有粉丝。许多人想当然地认为只要发行了 NFT，就会有大量买家在不经意间发现了它并立即决定购买。人们经常忽略 NFT 背后付出的营销努力，而只去看最终成功的结果。

如果今天创建并且铸造了一个 NFT，明天就在社交媒体上发布，之后马上将它投放到市场上，很可能不会成功。为什么呢？

第一，市场存在竞争。有太多的 NFT 可以供大家选择，如果不说清为什么你的 NFT 具备价值，大家就不会关注它，市场有太多可选择的 NFT 了。你的 NFT，仅仅在你自己的头脑中是非凡的，如果不与买家建立良好的关系，那么买家将永远不会像你一样理解你的 NFT 的价值。

第二，你当前的声誉并不能自动转化为 NFT 的声誉。我们见过太多拥有千万名粉丝的名人，他们发布的 NFT 甚至无法获得一次出价；我们也见过很多具备优异实体艺术销售历史成绩的艺术家，在试图过渡到数字领域时却失败了。这里不会透露具体是谁，但我们能学到的是，销售 NFT 是复杂的流程，无论你是谁都不能掉以轻心。

第三，NFT 领域不存在任何旨在提升 NFT 买家数量的算法，它不像常见的社交媒体那样仅通过几个标签和探索、趋势页面就能让信息像病毒一样扩张。大家已经习惯于通过算法来增长粉丝，通过算法创造吸引流量的内容。但在所有 NFT 市场上都不存在算法，必须让买家看到你的 NFT 才行。即使你说服 OpenSea 把你放在官方主页上，也不能保证成交。我们一直在浏览 OpenSea 的精选作品，经常看到同样的 NFT 在特色主页上被展示了一个星期，而没有任何销售成果。

但是你也不应畏惧。NFT 艺术家马特·凯恩（Matt Kane）在接受美国消费者新闻与商业频道（CNBC）采访时说："要知道，现在 NFT 的销售额有 6 900 万美元……也有许多 NFT 的价格被低估了，创作者都是顶级艺术家。"

并非每件 NFT 作品都能让人眼前一亮，可以马上获得 6 位数的报价。而你的目标也不应该是通过发布几个 NFT 就能实现财务自由，这是很难发生的。更可能的方法是，通过正确的营销策略，创造一个愿意长期支持你的社区，然后你就可以从这个不断增长的 NFT 市场中分一杯羹，构建一个属于你的收入来源。

NFT 的营销与社区息息相关。下一步该如何进行？

建立社区

如今，NFT 的营销与播客营销更为相似。你可以录制一个播客放在 Spotify 或 Apple Music 这样的平台，但除非你有创造性的方法来推广，否则没有人会找到你的播客。播客不存在什么算法，你必须自己建立粉丝群体。你必须确定播客的角度以便找到自己的粉丝。如何触达大众群体？需要做什么来吸引大家第一次收听？

播客的内容可以为大众提供什么价值？这种价值具体是什么？如何让大家愿意再来收听？最后，你是否创造了让你的核心粉丝愿意与朋友分享的东西，从而获得额外的增长机会？

关于 NFT，在建立收藏者社区时，也需要思考同样的问题。在过去几年中，你在其他平台积累的现有粉丝会因为各种原因关注你，一旦你向他们介绍 NFT 这一全新的东西，大家可能会关注，也可能并不理睬。你的现有粉丝与你的 NFT 收藏者定位并不相同。这也是需要考虑的问题，经常看到某些播客沦为只会人云亦云的媒介。如果某个播客的粉丝社区增长得非常快，就会导致其他节目以相同的方式复制它。一个例子就是"真实犯罪"（True Crime）系列播客，它具备鲜明的播客制作风格，吸引许多播客的效仿。

这也适用于 NFT，具体来说就是复制其他类别的艺术美学风格。由于宝可梦的成功，就有上千个 NFT 使用宝可梦卡来包装艺术作品。由于加密朋克 NFT 项目的成功，就掀起了全行业用计算机生成的 24×24 像素的 8bit 头像的 NFT 浪潮。这样做有时是有效的，但仅仅通过复制他人的模式，你的社区规模增长有限，因为你永远无法超越原创者。

因此，建立 NFT 收藏者社区，并没有现成的标准模板或增长黑客方法可以使用，每个人构建 NFT 的方法都不同，对夸里森的 NFT 有效的方法，不一定对马特的 NFT 管用。

最为基本的是，所有人的 NFT 营销策略，应该围绕 NFT 收藏者社区来构建，可以是 3 个人的社区，也可以是 3 000 个人的社区。但这里的最终目标是为你的 NFT 创造超级粉丝，就是那些会自豪地说他们是你作品早期收藏者的人。你的 NFT 收藏者，可能来自现有粉丝的转化，也可能是全新的收藏者群体。通过构建收藏者社区，可以创造出长期的增长战略，这将持续多年，而不局限于一个 NFT。

曾经成功的战略和技巧不一定会再次奏效。但你的 NFT 营销背后的原则是健全的。

了解你的粉丝

2016 年，布莱克·贾米森（Blake Jamieson）开始从事专业艺术创作时，结合自己的工作经历找到了艺术方向。在接受 CNBC 采访时，布莱克提到："你在为谁服务，你在解决什么问题？"作为营销专家，布莱克在为客户提供服务时，积累了大量科技客户。但有一件事让他对这些高增长的科技公司印象深刻，那就是很多科技公司的办公室缺乏色彩装饰。因此，布莱克的口号是，"为办公室创造艺术"。而后，通过为办公场所创作各种类型的艺术品，他的事业开始腾飞。

随着布莱克的粉丝越来越多，他开始与粉丝沟通。而粉丝之一就是前 NFL 球星贾斯汀·杰弗森（Jarred Fayson）。杰弗森喜欢布莱克的作品，也觉得他的作品风格会受到很多其他运动员的欢迎。因此，杰弗森请布莱克为他的几个运动员朋友免费创作 3 幅作品，而运动员朋友会宣传布莱克的作品，自然而然，其他运动员也会慕名而来。布莱克接受了杰弗森的提议，按照这样的思路营销，非常有效。

布莱克开始收到运动员的私信，因为大家在队友的储物柜里看到了他的创作。于是，布莱克马上将他的口号改为"我为运动员进行艺术创作"。最终，布莱克在体育领域的工作得到了 Topps 公司的认可，参与了 Topps Project 2020 项目。这个项目旨在让来自各个领域的艺术家以自己的风格重新创作 20 张棒球卡，项目大获成功。

2020 年，布莱克开始涉足 NFT，明确了他的粉丝定位后，布莱克的风格开始向波普艺术和运动员肖像靠拢，他的 NFT 销售取得了巨大成功。但之所以会成功，还是因为他在了解粉丝这块下了功夫，创作出能满足粉丝期待的艺术作品。

如何了解你的粉丝呢？

那就是与粉丝沟通。这种方法听起来很直接，确实如此，但很多人并没有这样做。很多人忘记了粉丝账户所代表的是真正的人，而他们关注你的 NFT 是有原因的。找出这些原因，再开始构建 NFT。

你的粉丝有什么期望？为什么关注你？是你的艺术让他们感到震撼，还是你本人让他们感到震撼？这两者是有区别的。

一旦你了解了你的粉丝，就可以开始教育粉丝，既要告诉大家关于 NFT 的收藏知识，也要告诉大家你为什么要进入 NFT 领域。

内容营销和用户教育

自媒体账户的宣传，主要是通过内容。这种方式同样适用于

NFT，如果内容不能引起人们的共鸣，NFT 就永远无法被出售，和大家分享作品是出售 NFT 的开端。

奥斯汀·克莱恩写过一本很棒的书，名为《展示你的作品！10 种展示创意以及被发现的方法》（*Show your work!: 10 Ways to Share Your Creativity and Get Discovered*），其中描述了展示作品的重要性，叙述了能让作品受到关注的 10 个原则。

- 你不需要是个天才。
- 考虑创作过程，而不是产品。
- 每天分享一些小作品。
- 打开好奇心百宝箱。
- 讲一个好故事。
- 向粉丝传授你所知道的。
- 不要变成大家的垃圾邮件。
- 学会被批评。
- 出售一空。
- 持之以恒。

这些原则适用于艺术家、设计师、网络工程师和喜剧演员，对于 NFT 创作者来说，这些原则也同样适用。

如果你刚刚开始探索 NFT，不要害怕向大家展示学习 NFT 的过程。可以记录一段你研究 NFT 的视频，向 NFT 专家提问 NFT 知识的视频，与 NFT 艺术家进行通话的讨论视频。展示你创作 NFT

的过程，以及你制作这个 NFT 的灵感来源。

必须预热市场，让人们对你最终创建的 NFT 感兴趣，因为对 99% 的人来说 NFT 都是新事物，许多人犯的错误是，等到他们上架 NFT 的前一天、当天或后一天，才会告诉粉丝自己要出售 NFT。这就会导致许多粉丝甚至没有准备好要购买 NFT，粉丝可能并没有数字钱包，没有任何加密货币，也不明白 NFT 的价值。

你需要为你的 NFT 添一把火，为你的 NFT 创造需求，而这就意味着你要分阶段向大家展示你的作品。不论你的现有粉丝在哪个平台，你都要继续与粉丝沟通，你并不需要为你的 NFT 之旅创建一个全新的渠道。

在与粉丝的沟通中，你可能会发现，你的粉丝中有人也懂 NFT，他们可能还会给你一些指导，甚至告诉你他们想收藏什么主题，并可能成为你的第一批买家之一。

Pplpleasr（发音为"people pleaser"）是展示自己作品的 NFT 艺术家的优秀例子。尽管按照很多人的标准，Pplpleasr 已经是一名成功的 NFT 艺术家了，但她还在持续向自己的粉丝介绍下一步的想法。最近，通过批评 NFT 市场的集中化趋向，她进入公众视野。尽管在公众看来这是一个勇敢的举动，但她也在分享她的学习过程，而且她并不害怕向大家提问，这样可以促进讨论。

夸里森热衷于收藏 NFT 艺术家埃尔默·达马索（Elmer Damaso）和埃里克·麦肯齐（Erik Mackenzie）创作的《刺客王国》（Kingdom of Assassin）漫画。这套 NFT 只是这两位 NFT 艺术家为该系列漫画绘制的草稿图，尽管漫画书已经问世多年，但夸里森被成稿之前的草稿所吸引，这些草稿还原了作品诞生的过程。

NFT 的营销有很多目标，但无论是教育用户，让大家了解 NFT，还是促进大家对 NFT 产生购买冲动，再到吸引新的粉丝，大家都是通过内容找到你。你花越多的时间去分享你的 NFT 内容，就会有越多的时间来寻找收藏者。

与 NFT 收藏者沟通

找到 NFT 收藏者并不难，可以直接上 Foundation 或 OpenSea 等平台，找到任何 NFT 的所有者，其中一些账户的个人资料上有他们的社交账户，可以与他们联系。

加密钱包和 NFT 交易的背后都是真实的人，许多人都很乐意与 NFT 领域的新手沟通，分享彼此的见解。

问问大家为什么买了某些 NFT 作品，是为了投资、投机、美感？还是为了支持艺术家、让艺术家拥有创作动力？还是其他你还不知道的原因？问问大家哪些 NFT 艺术家设计的作品算是好作品？要充满好奇心，和大家探讨你好奇的事情。

所有成功的营销人员，都擅长与客户沟通，向客户学习，从头到尾了解客户。然后设计出能够吸引客户，为客户提供价值的产品。

你应该听说过"NFT 巨鲸"（NFT whales）的故事——以购买大量 NFT 而闻名的账户，NFT 巨鲸会收到 NFT 艺术家的大量私信，礼貌请求巨鲸查看他们创造的 NFT，NFT 巨鲸通常会研究并决定是否购买。

你永远不知道会与 NFT 收藏者开启一段怎样的对话。无论如何，他们在 NFT 领域的时间通常比你长，有更丰富的知识可以分享。并且这些收藏者已经被说服了，更愿意把钱花在数字资产上，仅是这一点就足以引起大家的兴趣，从而开启一场对话。

做市

NFT 营销的重要任务是寻找收藏 NFT 的人，直到 NFT 进入市场。但是，想要知道谁是你的 NFT 潜在收藏者，并且为即将上架的 NFT 做足宣传准备，你就必须为 NFT 创造一个市场，让你的 NFT 潜在收藏者能随时看到你所上架的 NFT。

在股票市场，首次公开募股之前（pre-IPO），公司会进行路演，还会去找投资银行，向机构解释为什么自己是市场中最热门的新股。金融专家会审查公司财务状况，确定价格，进行首次公开募股前的运营，然后把股票推向二级市场。这些就是与做市相关的工作，公司的几位金融专家看好公司愿景，并将愿景与公司股价相联系。大家写新闻稿，上财经类节目，传播股票的价值信仰。

NFT 的做市是类似的，也需要进行 NFT 的"IPO 路演"，让人们为投资 NFT 做好准备。你可以与感兴趣的收藏家讨论定价、版本数量、福利等。理想情况下，你还可以从潜在收藏家那里获得承诺，他们会在 NFT 上架日开始竞标。

版本、福利和价格

做市的目的，是在众多 NFT 收藏者中创造需求。市场由许多买家组成，如果一种产品只有一个买家，那就无法形成市场。因此，发布的版本数量、每个版本的价格以及相关福利都应该保持一致，从而最大限度地增加市场上收藏者的数量。

你发行的 NFT 数量，就是供应量。回顾一下最基本的经济学，供需平衡，会形成最佳价格。如果供应过多，人们会认为你的价格被高估了，需求就会减少。如果供应过少，就会因为没有满足人们的需求而无法赚更多的钱。考虑到你仍然可以从转售中获得一定收益，我们建议设置较少的供应量。

寻找 NFT 收藏者是一项繁重的工作。想拥有庞大的收藏者群体吗？那就推出同一 NFT 作品的多个系列。如果希望 NFT 受到强烈追捧？那就可以减少发行数量。

一个典型案例是 DJ Skee 与 Topps 合作推出的 Project 70 运动卡，每张卡的供应量由市场的需求量决定，根据市场动态调整。这种卡每张只卖 3 天，买家的数量就是 NFT 发行的数量。可以观察一下这些 NFT 在转卖时的表现，有趣的是，我们得出这样的启示：从长远来看，最初需求量较低的卡片会显得更为独特。

不要害怕尝试以不同的方式来确定 NFT 供应量。

做市时还要考虑提供给 NFT 买家的福利。鉴于你可以将 NFT 与实物体验联系在一起，在收藏者眼中，这些福利可能代表更多的价值，而实物福利会使更多人产生对 NFT 的需求。

著名的嘻哈艺术家 A$AP Rocky 在 2021 年 4 月上架了 7 种不同的 NFT。这些 NFT 的主要吸引力在于，其中一个限量为 1 的 NFT，包含了 A$AP Rocky 尚未发行的歌曲片段，歌曲名为$ANDMAN。未发行的音乐本身就很吸引人，艺术家还把 NFT 与跟他一起进录音室录歌曲的福利结合，增加了市场吸引力，激发了市场的需求，从 A$AP 的粉丝到其他所有想和他一起进录音室的音乐艺术家，以及其他可能只是想看看 A$AP 是如何创造奇迹的人，都对这样的福利非常感兴趣。最终，该作品以超过 50 000 美元的价格售出。

　　你可以提供什么福利来增加你的 NFT 初始需求？在你与 NFT 收藏者的沟通中，他们有提到很想拥有什么福利或者与你一起做些什么事情吗？

　　从长远的角度来看，过度依赖福利来推高 NFT 的价格可能是一大陷阱。建议你尽一切努力培养你的收藏者社区。但是，不要掉入这些实物体验就是 NFT 的心理陷阱，因为 NFT 毕竟不是实物。尽管这些是你营销策略的核心，但收藏者兑换特权后，该 NFT 就不再拥有额外增加的价值。

　　这里可以提供的建议主要是，使定价与目标保持一致，不过这完全取决于你的收藏者以及他们愿意花多少钱。把价格设为你认为对收藏者公平的水准，不要妄想太多。没有人知道 NFT 的真正价值到底是什么，这完全是人们自愿买的。再说一次，最好从低价开始，建立一个狂热的收藏者群体，比一开始定个非常缥缈的目标要好。

这就给我们带来了一个更好的做市策略：免费 NFT。

免费 NFT

让大家对你的 NFT 感兴趣的一个好方法是，把它免费送出去。免费赠送的东西，未来怎么会值钱？这听起来似乎是反直觉的。但今天很多热门的 NFT 项目，都是从免费开始的。例如，加密朋克一开始就送出了所有的 10 000 个朋克 NFT；Beeple 在知识共享（Creative Commons）中开放了他 10 年以上的工作素材。这些案例都是先为大家提供了价值，而后才获得了金钱上的利益。

你的做市目标是为你的 NFT 造势，越多人收集你的作品，吸引力就越大，因为它成了更多人渴望的东西。

例如，乐高大师赛决赛选手杰西卡·拉齐（Jessica Ragzy），在乐高的世界里是知名人物，她以非常低的价格出售以乐高为灵感的 NFT，吸引了大量关注，她每天都会抛出一个新的作品，50 美元左右就能买到，她能加价吗？当然可以。但其实，她在建立一个收藏者社区。

如果一包 Topps 棒球卡的价格在 500 美元以上，那么收藏者的数量将大大减少。但现在你只要花几十美元，就可以进入这个世界，开始收藏。

无论是提供免费 NFT 还是低价 NFT，起初忽视金钱利益是有道理的，因为这样所有人都可以参与进来。通过这个过程，不仅可以扩大收藏者基础，还可以让你的早期收藏者从未来的转售中受益。如果创造的 NFT 能帮助大家在未来赚钱，那么他们就会继续回来找你，并会很高兴地告诉全世界，你的 NFT 太赞了。

投入工作

在 NFT 世界中，一夜成名是很难的，成功的 NFT 出售案例，背后都做了大量营销工作。有些人在 NFT 营销方面颇具才能。还有些人，已经开始使用模式化的营销流程进行 NFT 营销。但是，NFT 营销并没有固定模板，只有努力工作，善于分享，与人沟通，才能穿越行业的喧嚣和噪声。

第8章

购买NFT

如今各个 NFT 交易平台上有超过数百万个 NFT，倘若其中有你感兴趣的，如果价格合适，为什么不直接出价买下它呢？本章将介绍如何购买 NFT，还会提供一些收藏策略。不过，我们首先要讨论一下人们购买 NFT 背后不同的原因。

人们为什么买 NFT

大家经常听到类似这样的话："既然不需要花钱就可以访问和看到这些 NFT 的图像和视频，为什么要购买 NFT 呢？"这个问题的核心代表一个常识性论点，即为什么人们要为免费的东西付费，但这个论点实际上是关于 NFT 的独特性和稀缺性的技术问题。本书在第 1 章介绍过 NFT 的技术原理，本章将从个人角度讨论购买

NFT 的原因，这可能存在很多决策要素，这些要素与人们购买实体艺术品的要素类似。

- 意义。
- 实用性。
- 投资性。
- 社会声望。
- 收藏性。

这些要素并不是孤立的，而其中一些要素可能适用于所有类型的 NFT 购买行为。

意义

NFT 可以在情感上打动买家，这一点同某幅画或其他艺术品类似，透过作品能挖掘更深层的意义或更大的格局寓意。就像 Beeple 的赛博朋克风格 NFT，使人们对世界现状和未来趋势的看法产生了共鸣。作为买家，也许你认同艺术家以及他们所表达的文化和经历。艺术家的故事通过 NFT，触动了你。如果你是一个资深的《回到未来》（*Back to the Future*）电影粉丝，那么，影片中的时空穿梭汽车（DeLorean）的 3D 版 NFT 就是你的必买之物。无论 NFT 对买家有什么意义，都足以让人们有足够的理由购买它。

实用性

有些 NFT 可以提供实用性，如游戏中的物品、域名和虚拟房地产。假设想在赛车游戏 *F1 Delta Time* 中升级汽车的变速箱，可以通过变速器 NFT 来升级。这样一来，变速器 NFT 就具备了实际效用。

像 .eth 和 .crypto 这样的区块链域名可以用来代替冗长的加密货币地址，也具备实用性。区块链域名同时也是象征自己的一种方式，是另一个自我的表现形式。

而虚拟房地产类似于实际的房地产，也具备实用性，你可以在特定的地方布置场景，进行活动。

投资性

经常有人问我们："NFT 是好的投资标的吗？"这里不提供任何财务建议，只说说我们的想法。如果你认为 NFT 仍处于早期阶段，并将成为未来的趋势，那么 NFT 就是很好的投资标的。但不是所有的 NFT 都具有十分良好的投资价值。如果你购买 NFT 纯粹是为了投资，哪些 NFT 是好的投资标的的呢？

答案取决于你的投资目标，同艺术界一样，成熟的、知名的艺术家的作品具备市场需求，比不知名的艺术家的作品更有可能保值或升值。然而，如果一个不知名的艺术家突然火了，其作品升值的可能性是相当大的。这可以归结为风险与回报的关系。

通常投资艺术品和 NFT 都有一定风险。购买知名艺术家的作品需要很多钱，但也可能承受风险。随着时间的推移，艺术品或 NFT 的价值会比当初的投资成本多很多倍。例如，2020 年 12 月，Beeple 的 Crossroads NFT 价格为 66 666 美元，两个月后买家以 660 万美元的价格转售。

无法保证成熟的艺术家的作品一定会获得超额回报。事实上，艺术品价值随时可能会下降，但对于成熟的艺术家来说，下跌的幅度通常不会太大。值得注意的是，正如本书在第 3 章提到的，实物艺术品还存在额外风险，即遇到赝品的情况。

投资的另一端其实是投机，这里指购买不知名的 NFT 艺术家创作的作品，幻想艺术家与其作品的价格一同起飞。由于不知名的艺术家创作的 NFT 通常价格较低，你可以投资多个艺术家的作品，平摊风险。如果其中一个艺术家成功了，从一篮子 NFT 投资的角度来看，你依然可以获得可观的回报。请参阅本章后面的"构建 NFT 收藏集"部分。

有些人喜欢投资同一个主题的 NFT。例如，购买多个"NBA Top Shot"系列 NFT，希望能得到勒布朗·詹姆斯或其他 NBA 明星的 NFT，然后在二级市场上出售稀缺的 NFT，这样可以获得不错的回报。2021 年 4 月，"NBA Top Shot"系列 NFT 中一个勒布朗·詹姆斯扣篮致敬科比的 NFT，以 38.76 万美元售出。投资 NFT 和一般艺术品的好处是，你可以欣赏你所购买的 NFT 以及其背后的独特意义。

社会声望

事实上，很多人的投资是为了炫耀，这并没有错。购买并展示艺术品或 NFT 是一种很好的炫耀方式。Lazy. com 就是为此目的而建立的网站。在这个网站上，人们可以展示自己的 NFT 收藏，还可以查找自己的名字或以太坊地址，并在那里查看自己的收藏。

NFT 是基于区块链的，而区块链具有透明性。因此，在某种程度上，NFT 自设计之初就可以用于炫耀。

收藏性

前文讨论到关于 NFT 艺术品的收藏，而 NFT 收藏正在蓬勃发展。本书在第 2 章谈到了这一点，人们天性就喜欢收藏。而 NFT 的收藏既有趣又容易（都是通过链上完成的）。从以太猫到 NBA Top Shot 再到垃圾桶小子，有各种各样优秀的可供收藏的 NFT。你喜欢收藏什么类型？如需更深入地了解 NFT 收藏，请参阅本章后面的"构建 NFT 收藏集"部分。

购买 NFT

本部分介绍了购买 NFT 的流程。与前面的章节一样，我们将继续使用 OpenSea 作为案例，你应该已经设置好了账户，也连接了 MetaMask 钱包。购买 NFT，必须先选中一款。

搜寻想购买的 NFT

搜寻想购买的 NFT 的第一步是考虑购买 NFT 的原因，请参阅上一部分。你可能只是想尝试和体验一下，也可能会倾向于某种特定类型的 NFT。如果没有倾向，你可以随意浏览，直到被某个 NFT 吸引。OpenSea 主页是很好的起点，你可以在主页找到很多独家 NFT 和流行趋势，也可以根据 NFT 的类别浏览。目前 OpenSea 上列出的类别如下。

- 艺术。
- 音乐。
- 域名。
- 虚拟世界。
- 交易卡。
- 收藏品。
- 体育。
- 实用品。
- 所有 NFT。

最后一个类别"所有 NFT"并不表示分类，它表示浏览所有

NFT 内容的选项。如果有特定的需求，OpenSea 主页上也有一个搜索栏。需要注意的是，正如本书在第 2 章所讨论的，所有人都可以用任何名字创建 NFT，甚至伪造现有的 NFT 项目。请认真研究，特别是在寻找特定的艺术家、创作者、收藏品时，确保是官方发行的 NFT。如果 NFT 收藏集经过官方验证，就会有一个蓝色的检查标记，请参阅第 6 章的"验证"部分。当然，就算该 NFT 收藏集没有蓝色的检查标记，该收藏品仍可能是真的，但是要确保认真研究过，一旦找到想购买的 NFT，需要知道它具体是如何上架销售的。

购买 NFT 的方式

正如我们在第 7 章所述，有 3 种出售 NFT 的方式。

- 开放出售，等待报价。
- 设置固定价格。
- 直接拍卖。

下面将介绍如何购买不同方式出售的 NFT。

开放出售，等待报价的 NFT

如果你想购买的 NFT 是供开放报价的，只需直接提交报价即可。但是必须提前完成一些步骤。

（1）在 OpenSea 的 NFT 页面上，单击"出价"（Offers）部分中的"发起出价"（Make Offer）按钮。会出现一个"出价"弹窗（见图 8.1）。

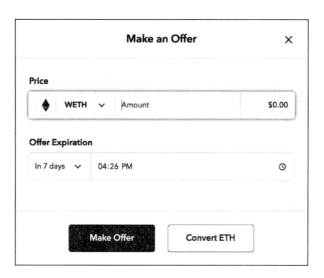

图 8.1　OpenSea "出价" 弹窗

目前只能用 WETH、DAI 和 USDC 等代币发起出价。正如本书第 7 章中所讨论的，DAI 和 USDC 都是与美元挂钩的稳定币。注意不能使用 ETH 来进行出价。OpenSea 使用 WETH 而不用 ETH，是因为 WETH 具备更多功能。例如，如果用 ETH 进行出价，想给 5 个不同的 NFT 都出价 1 ETH，总共就需要 5 ETH，每个 NFT 1 ETH。而使用 WETH，如果你想给 5 个不同的 NFT 都出价 1 WETH，只需要 1 WETH，而不是要 5 WETH。这样一来，WETH 可以被用于第一个被接受的出价，而其他 4 个出价将会被自动取消，所以 WETH 的优势在于可以用少量的钱对多个 NFT 进行出价。

（2）如果钱包里没有 WETH，请点击"出价"弹窗中的"兑换 ETH"（Convert ETH）按钮。如果钱包里已有 WETH（DAI 或 USDC），可以直接跳到步骤 3。

在接下来的页面中，点击"选择代币"（Select a Token）按钮，然后选择 ETH 或钱包中的其他代币就可以兑换 WETH。

输入想兑换为 WETH 的 ETH（或选择的其他代币）的金额。我们不建议将所有的 ETH 都兑换为 WETH，因为你仍然需要一些 ETH 作为手续费，所以在钱包里保留一些 ETH 比较好，你永远不知道什么时候需要支付手续费。此外，OpenSea 上大多数明码标价的 NFT，都是以 ETH 定价的，所以如果以后想买明码标价的 NFT，也应该留有一些 ETH。

在输入要兑换为 WETH 的 ETH 的金额后，点击"转换"（Wrap）按钮，将会弹出 MetaMask 钱包，如果没有弹出，那就手动打开 MetaMask 钱包，将 ETH（或你选择的其他代币）转换成 WETH 需要支付一笔手续费。点击 MetaMask 钱包中的"确认"（Confirm）按钮，交易可能需要等待几分钟（或数分钟）以在以太坊上确认，完成交易后可以关闭此窗口。

（3）在 NFT 的页面点击"出价"（Make Offer）按钮。在出价弹窗中，输入你想付出的 WETH 数量。这里需要你的出价超过当前出价。接下来，选择出价的有效期，这里指希望出价的时间段，以及你出价最后一天的到期时间。出价失效期取决于你自己，保持出价有效时间是没有坏处的。需要注意，如果想在过期前取消你的出价，那么就必须支付一笔手续费。准备好后，点击"发起出价"（Make Offer）按钮。

MetaMask 钱包将弹出，如果没有，那就自己打开 MetaMask 钱包，点击 MetaMask 钱包中的"签名"（Sign）按钮。这里没有任何费用，只是一个签字步骤。

你的出价现在应该出现在 NFT 的页面上了，可以在任何时候点击与出价相关的"取消"（Cancel）按钮，以取消报价。然后 MetaMask 钱包又将弹出。如果没有，那就打开你的 MetaMask 钱包。如前所述，你需要支付一笔手续费。点击 MetaMask 钱包中的"确认"（Confirm）按钮，支付手续费并取消该出价。或者，如果你决定不支付手续费，则点击"拒绝"（Reject）按钮，保持出价不变。

如果卖家接受了你的出价，那么交易就会完成。你的 WETH（出价金额）将被发送给卖家，而 NFT 将被发送给你。请注意，在这种情况下（在 OpenSea），如果成交，卖家将为出售转移支付手续费。

恭喜你，你现在是一个 NFT 收藏者了。可以在你的账户页面上查看你的新 NFT。只需在任何 OpenSea 页面的右上角点击你的头像就可通往查看 NFT 的页面。

设置固定价格的 NFT

如果想购买的 NFT 有固定价格，你可以直接接受这个价格。如果认为价格太高，可以提出更低的出价，只要按照"开放出售，等待报价的 NFT"的步骤进行。

要接受价格，点击"立即购买"（Buy Now）按钮。在弹出的结账窗口，点击"结账"（Checkout）按钮，MetaMask 钱包就会弹出，如果没有，那就自己打开 MetaMask 钱包，交易需要确认，包括其中的手续费。请注意，在 OpenSea 上，当买家接受了一个设置的固定价格时，手续费就由买家支付。如果交易没什么问题，点击 MetaMask 钱包中的"确认"（Confirm）按钮。否则，点击"拒绝"（Reject）按钮以取消交易。

之后会转到一个页面，显示交易已经开始，"以太坊正在处理你的交易，这可能需要一点时间"。这个页面可能会要求提供电子邮件地址和昵称，如果你还没有在个人资料中设置，请先完成设置。注意，这里不能与其他 OpenSea 用户的昵称相同。然后点击"保存"（Save）按钮，MetaMask 钱包就会弹出。点击"签名"（Sign）按钮，登录 OpenSea 账户。

然后，OpenSea 会给你发送一封电子邮件来验证你的电子邮件地址。点击电子邮件中的"验证我的电子邮件"（Verify My Email）按钮。当以太坊确认你的交易后，OpenSea 会给你发电子邮件。然后你就可以在你的账户页面上看到新 NFT 了。

直接拍卖的 NFT

此处适用于通过英式拍卖出售的 NFT。"设置固定价格的 NFT"部分也适用于通过荷兰式拍卖出售的 NFT。

如果你想在拍卖会上竞拍一个 NFT，请点击"出价"（Place Bid）按钮，此时将出现"出价"弹窗（见图8.2）。

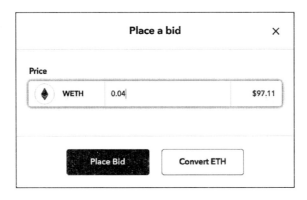

图 8.2　OpenSea "出价" 弹窗

这里只能用 NFT 拍卖要求的代币类型（通常是 WETH）进行竞价。关于将 ETH 转换为 WETH 的步骤，请参见前面的 "开放出售，等待报价的 NFT" 部分。

你的出价金额必须高于当前的最高出价。如果没有足够的资金进行足够高的出价，需要向 MetaMask 钱包充值。见第 7 章的 "给 MetaMask 钱包充值" 部分。

在 "出价" 弹窗中，输入你想出价的代币数额，然后点击 "出价"（Place Bid）按钮。你的 MetaMask 钱包将会弹出，如果没有，那就打开你的 MetaMask 钱包。点击 "登录"（Sign），登上你的 MetaMask 钱包，继续出价。请注意，通过拍卖（英式拍卖）得到 NFT 的买家，将不需要承担手续费。

接下来可以在 NFT 的页面上看到你的出价，出价将开放 7 天，可以在任何时候取消出价，但你必须为此支付手续费。

如果你的出价在拍卖结束时是最高的，并且出价大于或等于底价，那么 OpenSea 将自动完成交易。请注意，无论拍卖何时结束，卖家可以随时接受你的出价。

祝你交易顺利。

构建 NFT 收藏集

人们选择收藏的原因各式各样，无论是童年的热情被唤醒，还是对创作者的支持、猎奇的乐趣、审美的感召，或者仅仅是为了好玩。我们不能告诉你要收藏什么或为什么要收藏它。这毕竟是你自己的钱。如果确实有吸引你眼球的 NFT，那就放手去做吧。

但最有可能的是，你仅仅是对 NFT 感到好奇，或者是希望用它们来赚钱。

这就要小心，因为博傻理论可能会在 NFT 市场上发挥作用。博傻理论认为，价格上涨并不是因为物品价值的增加，而只是因为人们能够将高价物品卖给"下一个笨蛋"。就算投资标的的价值明显被高估，也并不重要，只要有其他人愿意把它从你手上买走。当然，你肯定不希望在没有下一个笨蛋的时候，成为最后一个冤大头。

对于绝大多数的 NFT 来说，我们相信博傻理论是存在的。但这并不是说所有的 NFT 都会出现这种情况。有些艺术家因为作品备受追捧而扬名立万；某些 NFT 项目将创造切实的效用，并为社会创造价值，但我们无法准确地告诉你这些 NFT 将是什么。

不过，我们可以探讨一些策略，使你的 NFT 收藏更容易获得成功。

像天使投资人一样收藏 NFT

把所有的鸡蛋放在一个篮子里，对一个项目下重注，听起来可能很诱人，特别是在如今 NFT 被大肆炒作和市场需求强烈的情况下。但这里的风险在于，没有人真正知道未来哪些项目还会持续运营。

天使投资人或风险投资基金从不把鸡蛋放在一个篮子里，他们会给大量创业公司投资。如果风险投资基金十分看好保险应用程序赛道，那么他们就会想办法投资 2 ~ 3 个该赛道的企业，来共同建设行业未来。而且，即使不能把钱同时投到某个特定行业的多家公司，他们仍会在几个不同垂直领域进行投资。分散化投资不仅能触达各种不同的机会，还能降低风险。这些投资中只需要有一个成功退出，就可以弥补其他投资的损失。

现在挑选未来会爆红的 NFT 并不容易，但也不是没有可努力的方向，可用以下问题来辅助判断。

- NFT 发行方是谁？
- 发行方是否提出了一个独特的、真实的、长期的愿景？
- NFT 项目的实际用处是什么？
- 项目看起来像一个很多人都想参与的项目吗？
- 团队对你的问题是否给出了清晰回答？
- 还有谁在收藏这个 NFT 项目？

- 是否有 NFT 巨鲸加入？
- 是否有机构资金进入？

我们要意识且接受一个事实，那就是所有的 NFT 创作者都会遇到挑战。有时生活琐事会将创作者的注意力从艺术创作上转移；NFT 项目的资金可能会耗尽，创作者会停止创作新的 NFT 作品；创作者的钱包也可能被黑，NFT 可能会被偷走；盗版作品可能会吸引走一部分市场需求，更糟的是有人开始出售 NFT 赝品（这种情况比想象的要多很多）。

无论发生任何事，你仍然会得到一件很酷的 NFT 艺术品，哪怕 NFT 的价值暴跌，艺术品永远和收藏家有着艺术上的交流。这就是为什么我们建议你去收集那些你可以接受其价格不会暴涨的 NFT。要成为一个 NFT 的鉴赏者，如果你对自己正在收集的 NFT 充满热情，并且能用语言表达你为什么要加入这个项目，其他人大概也能理解你收藏此 NFT 的动机。下面可以开始筹备成为一个收藏家了。

成为 NFT 收藏家

目前市场还没有成熟到可以任意规划自己的 NFT 收藏集的阶段。多数人只是为了赚钱，这也反映出许多人的 NFT 收藏都是混杂的。然而，很多人没有关注到的是，所有人都可以成为一个 NFT 收藏家，不仅可以通过大规模购买 NFT 而广为人知，也可以通过策划自己的 NFT 收藏主题而引人注目。

有的人只收集电影 NFT，有的人专门收集绿色 NFT，也许你想构建一个由艺术家发行的首个 NFT 组成的收藏集。还有喜剧 NFT、慈善 NFT、波普艺术 NFT，它们有许多独有的特征，可以围绕这些特征设计你的收藏家身份。

以金融为喻，你可以像天使投资人一样进行 NFT 收藏，也可以像交易所交易基金（ETF）那样围绕一个特定资产类别或主题来策划你的 NFT 收藏。ETF 是一种投资基金，将股票、债券、货币或商品等资产组合成一种资产，可以在证券交易所购买或出售。ETF 所纳入的资产一般都有资产主题。例如，SPDR S&P 600 小盘成长型 ETF，可以让你接触到 600 家具有高增长潜力的公司；IPAY ETF 则持有支付处理和数字支付行业的几只股票，如维萨、万事达卡、贝宝和 Square。

可以用类似的思路策划你的 NFT 收藏集。像 ETF 一样围绕一个主题，这种构建组合的方式给你提供了投资多样性，同时也为自己构建了某种特定类型的收藏家身份。

有一种收藏家类型是虚拟土地经销商，他们在《沙盒游戏》、*Decentraland* 和 *Axie Infinity* 等区块链游戏中购买和出售土地。这意味着，在其他类别的 NFT 中也存在类似的机会。

当然，构建 NFT 收藏家身份并不是必需的，但是，考虑到这个身份可以带来的机会和收入流，我们认为这是 NFT 收藏未来十年的发展趋势。

你可以选择成为数字画廊的策展人，或是追踪新的 NFT 艺术家趋势，或是参与其他现在尚未出现的品牌新机会。更酷的是，成为某类 NFT 最持久或最大的收藏家。

如果你今天买了第一个 NFT，你就是第一批 NFT 收藏家之一，这意味着什么呢？推特上的前一百万人有很多机会在更多人都参与进来之前，吸引一批粉丝。当 Instagram 主要是一个摄影分享应用程序时，最初的前一百万个用户可以开疆拓土，做别人还没有做的事情。谁能想到金·卡戴珊（Kim Kardashian）横空出世，并利用 Instagram 建立了一个价值 10 亿美元的美容商业帝国？作为早期的 NFT 收藏家，很可能会获得后来的收藏家根本没有的机会。

我们坚信未来能够策划非凡的 NFT 收藏集本身就会成为一项业务。几年后，不想费心研究并决定收集哪些 NFT 的收藏家将购买现成的 NFT 收藏集，这也是一种更为简单的收藏方式。

马上开始吧，未来人们也许不会在二级市场上搜寻 NFT，而会直接找到喜欢的某个组合，并打包买下，就像购买孩子们的整套宝可梦、游戏王、万智牌等卡牌。这种情况同样将发生在 NFT 领域，特别是当你拥有一个可以追溯到 2021 年、2020 年甚至更早的钱包交易记录，这将成为社交验证器。

并非每个人都可以成为像 Whale Shark 或 Metakoven 这样的 NFT 巨鲸。但是作为收藏家，可以通过不同的方式提高自己的知名度，进入这个领域的一个好方法是从免费的 NFT 开始。

从何处下手

逛逛 NFT 市场，了解一下大家在不同的互联网 NFT 社区中谈论哪些主题，找几个你喜欢的，尝试联系创作者。开始对话，了解大家对项目的看法。甚至可以联系收藏家，了解他们对 NFT 收藏的想法。

正如本书在第 7 章中"NFT 营销"部分所讨论的，有很多免费的 NFT 存在，其交易方式多种多样。但最常见的是，你支付手续费，就会得到 NFT。

如何找到免费的 NFT？只要进入 OpenSea，点击页面顶部的"集市"（Marketplace）下拉菜单，然后点击"所有 NFT"（All NFTs）。之后用价格从低到高对列表进行排序，就可以看到了！可以发现大量的免费 NFT，这是非常好的一个收藏方式，而不需要在几个小时内扔出去成千上万美元，也可以等待时机，当手续费低的时候，用几百美元就可以构建不错的收藏集。

目前，我们正处于 NFT 发展的早期阶段，你可以自己定义一套 NFT 收藏法则，按照它去实施。没有人能未卜先知，任何收藏 NFT 的方法都没有绝对的对和错，可以从第一个 NFT 开始，慢慢了解自己喜欢什么。NFT 收藏并不复杂，不要犹豫，现在就开始你的收藏之旅吧。

第9章

NFT的监管问题

通过阅读本书之前的章节，你现在学会创建、购买和出售 NFT 了。除此之外，你还需要了解 NFT 所涉及的法律法规。了解监管规则是非常重要的，每当涉及新技术的应用时，监管机构、立法机构和司法机构需要一段时间，才能追上技术的快速应用。

　　在法律法规出台的空档期，可以用过往类似技术与新技术的各方面进行对比，从而与已确定的法律关系来推断法律未来适用的具体方法。目前还没有专门为 NFT 制定的具体的法律原则，但我们可以通过大范围的研究，观察监管规则对加密货币的态度、关注艺术品和收藏品的监管规则适用范围，推断 NFT 的监管规则。

　　尽管马特是律师，但本章仅对可能影响 NFT 的监管问题进行概述，不属于任何形式上的法律建议。

NFT 属于证券吗

早在 2017 年的首次代币发行（Initial Coin Offering，简写为 ICO）全盛时期，新的加密货币层出不穷。尽管有些加密货币是建立在真实的解决方案、坚实的技术基础之上的，但是，也有不少加密货币只是利用人们的情绪进行炒作，还有一些则是彻头彻尾的骗局。有些投机者想要寻求快速的短期回报，还有些投机者则希望通过某个加密货币大赚特赚。这些加密货币的骗局，实质上只是创始人实施的抽水和倾销计划。很多投资者投诉到监管部门，引起了美国证券交易委员会（SEC）的关注，这就引出了一个问题：加密货币属于证券吗？

这个问题很重要，因为倘若某项投资属于一种证券，那么该证券的发行必须严格遵守美国《1933 年证券法》颁布的规则和条例。

该法案的颁布时间值得注意，美国《1933 年证券法》是在 1929 年股市大崩盘后颁布的，规定证券上市必须符合各种注册要求（属于特定情况的除外），保护投资者不受欺骗。上述 ICO 并没有按照该法进行注册，如果加密货币不属于证券类别，那就没有关系。那么，加密货币到底是不是证券？怎么判断呢？

豪威测试

想要判断一种加密货币是不是证券，必须先了解证券的定义。

大家所熟知的股票和债券属于证券类别，不过某些类别的票据和投资合约，也属于证券范畴。

1946 年，美国最高法院审理了美国证券交易委员会起诉豪威公司一案，该案件裁定了涉及土地租赁的回租协议是否应被视作投资协议。如果被确认为证券，就需要受到美国证券交易委员会的监管。本案中的被告豪威公司，将柑橘园出售给佛罗里达的买家，然后买家又把土地回租给豪威公司，由豪威管理这些果园，出售水果，与土地购买方分享利润。绝大多数的佛罗里达买家没有务农经验，也不懂如何打理柑橘园，而买家懂得如何管理柑橘园，大多数买家接受了豪威公司的提议，把土地回租给了豪威公司。

美国证券交易委员会介入这起事件，起诉了豪威公司，认定这类交易构成了投资合约，属于证券。但豪威公司的辩词是自己只是出售财产，然后从业主那里租赁财产。

这个案件的裁决结果具备里程碑意义，美国最高法院给出了确定一项投资是否属于证券的 4 项判断要素，也被称为豪威测试（Howey Test）。

- 确有金钱/资本投入。
- 投资于共同事业。
- 投资者有收益预期，期待获取利润。
- 投资者不直接参与经营，仅凭借发起人或第三方的努力。

法院裁定：

- 佛罗里达州的买家投入了资金。
- 被告人确有共同经营的多片土地上的柑橘企业。
- 买家期望从土地上获得利润。
- 这些利润来自被告管理土地的努力。

因此，法院得出结论，被告的交易计划确实构成了证券，"本案存在以追求利润为主要目的，且带有商业风险的所有要素。投资者提供资本，预期分享收益和利润，由发起人管理、控制和经营企业。因此，无论合约用怎样的术语包装，本案的交易计划体现了投资合约性质"。

根据豪威测试，美国证券交易委员会判定 ICO 属于证券发行。

- 投资者投资金钱或加密货币（有价值的东西）。
- 投资于一个共同企业（ICO 通常由某个组织或一群人共同经营，创造、经营、推广加密货币，并进行发行）。
- 买家期望从 ICO 的投资中获得预期利润。
- 利润来自经营该共同企业的组织或团体的努力。

这就意味着，ICO 需要遵循美国证券交易委员会的备案规定，不过其中的 D 条例提到豁免，美国证券交易委员会打击了带有欺诈性质的 ICO，却宣布比特币和以太币不属于证券，而所有其他加密货币属于证券。对 ICO 的打击，给整个加密货币市场造成了一定影响。很多美国的投资者选择去海外进行 ICO。由于 ICO 的狂热无法持续，2018 年，加密货币市场崩溃，沉寂了数年。

那么，NFT 属于证券吗

美国证券交易委员会认定 ICO 属于证券发行，并认定大多数加密货币是证券。于是，有人推测供应量为 1 的 NFT 可能也会被认定为证券。但大多数人觉得，NFT 不算证券。然而，截至 2021 年 10 月，美国证券交易委员会尚未就 NFT 发布任何指导意见，所以大家必须有所准备，NFT 也有被认定为证券的可能，我们用豪威测试来判断一下。

- 购买 NFT 的人投资金钱或加密货币（有价值的东西）。
- 很少见到与 NFT 相关的共同企业。相反，大多数 NFT 是一次性的或限量版的数字艺术，可以算作收藏品，有的 NFT 有一定功用，如游戏中的物品。
- 有些人会把购买 NFT 作为一种投资，期望从中获利，而另一些人购买 NFT 是为了兴趣和收藏。
- 通常没有第三方会对已经售出的 NFT 的价值进行宣传。

对于这个问题，暂且没有明确的答案。如果 NFT（作为非同质化的存在）与艺术品或收藏品更为相似，NFT 就不属于证券，也不是可替代的加密货币。但是，如果某个 NFT 有很大的供应量，它就与能够随意交换的代币极其相似，两者的界限就会模糊。

不仅 NFT 卖家需要关注其是否被认定为证券，交易所也同样需要关注这个问题。因为交易所如果提供证券流通服务，就必须在美国证券交易委员会注册，并且遵守美国证券交易委员会的规定。

可拆分 NFT

关于 NFT 是否属于证券，并不容易判定，我们倾向于判定某些可拆分 NFT（Fractional NFT）属于证券类别。可拆分 NFT，是代表 NFT 部分所有权的代币。例如，Unicly 的加密朋克收藏集代币（UPUNK），可以代表 50 个加密朋克 NFT 收藏集的部分所有权，目前有 2.5 亿个 UPUNK 在流通，截至 2021 年 9 月，UPUNK 的市值接近 3 000 万美元。UPUNK 与加密货币类似，可替换且供应量极大，用途明显是投资。此外，当涉及传统的实物艺术品的所有权时，尽管公司商业模式不同，但它们大多都会向美国证券交易委员会备案。因此，我们认为，部分可拆分 NFT 在很大程度上属于证券。

知识产权

知识产权对 NFT 和艺术领域极为重要。知识产权是源于创造力的财产，是一种不以实物形式存在的财产，知识产权的范畴包括版权、商标、专利和商业秘密。就 NFT 而言，本部分将重点讨论版权和商标。

版权

从本质上讲，版权包括以复制形式使用作品的权利。根据 Dictionary.com 的解释，版权是指创作者或受让人可以通过合法途径，以出版、复制、录制、展览、摄制、翻译或改编等形式，授权他人使用作品的专属法律权利。一旦作品被固定在有形的媒介上，版权就产生了。这就意味着，作品必须被写下来、记下来，保存在画布上、磁盘上、驱动器上，或任何其他类型的有形媒介上。也就是说，作品不能只存在于创作者的脑海中，不能只是说出来、唱出来或者演出来，除非说、唱和表演被录制下来才算数。尽管注册确实存在优势，但创作者无须在美国版权局注册作品，就能获得版权。

版权与实际作品是分开的，代表的意义也不同。实际作品是指绘画、数字作品、图片、视频和音乐等实体艺术品，版权是赋予作品创作者与作品有关的无形权利。

购买 NFT 时

人们购买 NFT 或任何其他艺术作品时，并非购买了该 NFT 的版权，版权归创作者（或艺术家）所有。买家有权以非商业目的使用和展示 NFT（拥有的艺术品副本），但是买家没有权利分发或出售 NFT 的内容副本，也无权制作基于 NFT 原作的衍生作品，当然，买家有权随时出售自己买来的 NFT。

注意，版权是可以买卖的，但只有存在明确的书面协议才可以买卖。比如，在版权从创作者（或目前的版权所有者）转让出来的情况下，买家才可以购买版权。总结一下，要谨慎对待购买或收到的 NFT 及其附加内容，这样就不会侵犯创作者的版权。

发行 NFT 时

发行 NFT，需要保证 NFT 是原创设计或艺术作品，不可以随便使用互联网上搜到的任何图像、视频或音频。互联网等地的所有照片、艺术品和各种图像、视频及音频，都受到版权保护。如果使用的不是原创作品，很可能会侵犯创作者的版权。因此，如果轻易使用他人作品，很可能要承担赔偿，且侵权的 NFT 还需要下架。若想使用现有作品，可行的做法是，从版权所有者那里得到许可。许可证将授予某些使用作品的权利。作为回报，你可以向许可人（版权所有者）支付一笔版税（销售额的一定比例），当然版权所有者也可以要求预付款项。许可证通常在规定区域内存在一定有效期。对于 NFT 来说，许可证是在全世界范围内永久有效的。也有些网站提供图片和视频的免版税许可，可以直接使用，但请确保阅读许可条款，因为条款中可能存在特定的限制或要求。例如，条款可能规定不得将作品用于商业目的，或者会要求注明版权归属于该网站（即需要在你发行的 NFT 描述中，写明作品的来源）。

你可以自由使用公共领域的图像或视频（或任何其他类型的作品）。并且，版权具备一定有效期，在美国，版权的有效期一般是作者的寿命再加 70 年。但是，对于 1978 年以前出版的作品，美国的版权有效期一般为 95 年。因此，如果一部作品的历史超过 95 年，它很可能属于公共领域范畴。请注意，不同国家的版权法和版权有效期不同。

如果要聘任他人为你创作艺术品或进行设计，请确保签署一份书面协议，明确说明他们所创作的作品，是为聘任而创作的作品，这是特定的法律术语，意在将版权所有权赋予雇用者一方。作品被视为雇佣作品或职务作品的另一种情况是，它是由雇员在工作范围内完成的，只适用于你是雇主，而你的雇员的工作任务是创造艺术品或进行设计。

NFT 的版权

版权是 NFT 的重要内涵。例如，歌手泰勒·贝内特（Taylor Bennet）和 Big Zuu 出售了占特定歌曲录音版权 1% 的 NFT。然而经过仔细核查，NFT 的买家并不是拥有 1% 的版权，而是获得永久许可，能够获得 NFT 描述中指定歌曲所赚取的 1% 的数字版税。看起来很复杂，但拥有版权和拥有其中一部分数字版税收入之间的区别还是很大的。

拥有 1% 的版权，意味着有权获得指定歌曲所有收入的 1%，而不单单是数字版税的 1%。如果指定歌曲被授权在电影或电视广告中使用，价格为 5 万美元，拥有 1% 版权的人将获得 500 美元，而获得 1% 数字版税许可的人将一无所获。因此，如果想投资版权类 NFT，要确保清楚地知道自己的权利和义务，详细阅读文字说明，如果不明白，请咨询律师。泰勒·贝内特和 Big Zuu 的版权类 NFT 售价都是 100 USDC①，价值为 100 美元。这种类型的 NFT，是对未来收入流的参与，看起来似乎属于投资，可能被美国证券交易委员会视为证券。

商标

商标通常是指识别商品（产品）来源的符号、设计、单词、短语（或它们的组合）。像可口可乐、苹果、耐克、麦当劳这些商标我们都比较熟悉，一旦看到带有苹果标志的手机或笔记本电脑，就知道是苹果公司创造了它，在心理上，也会把商标与它的质量、可靠性、造型酷炫和各种属性相联系，所以许多公司会在商标上投入大量资金，继而被消费者感知。

服务商标（service mark）与商标相似，但服务商标代表一种服务，而不是一种产品。例如，"Fly the Friendly Skies"（飞向友好的天空）是美国联合航空公司的一个服务商标，代表着一项运输服务。一般来说，"商标"是一个广泛的术语，包括商标和服务商标。

---

① 全称为"USD Coin"，是一种与美元 1∶1 挂钩的加密稳定币。——编者注

如果你看到一家公司的名称、标志或标语旁边有Ⓡ符号，说明该商标已在美国专利和商标局注册，经过注册的商标会受商标法保护。如果看到某家公司的名称、标志或标语旁有"TM"或"SM"（代表服务商标），通常意味着该商标尚未正式注册。使用Ⓡ、SM 或 TM 并不是必需的，因此，即使一个名称、标志或标语没有任何此类指定，也不意味着你可以自由使用。①

商标相关立法的核心是防止消费者对商品的来源产生混淆，而商标所有人也担心自己的商标可能被稀释，影响公众对商标独特性的观感。例如，2017 年 In-N-Out Burger 快餐店起诉 In-N-Out Cleaners 清洁公司，声称后者的名称和标志与快餐店商标具备混淆性，稀释了快餐店的商誉（见图 9.1）。换句话说，In-N-Out Burger 快餐店担心消费者会认为自己在某种程度上与 In-N-Out Cleaners 清洁公司有关，而且清洁公司的标志，也影响了快餐店标志的独特性。

图 9.1　In-N-Out Cleaners 和 In-N-Out Burger 的商标

---

① Ⓡ表示已注册，"TM"和"SM"表示还在注册的进程中，并且尚未获得正式注册。在美国的法律中，并没有规定一个商标在提交注册或获得注册后必须标注，因此商标所有人/商标申请人可以不标注这个商标，但这并不表示他人可以随意使用未明确标出Ⓡ、TM 和 SM 的商标。——译者注

两个标志包含相同的名称（In-N-Out）和颜色，相同的字体，以及类似设计元素（箭头和衣架）的位置和角度。虽然这两家公司提供明显不同的商品和服务——汉堡和干洗，但消费者很可能会对 In-N-Out Burger 和 In-N-Out Cleaners 是否有关感到困惑。此外，In-N-Out Burger 标志的独特性也会被削弱。

如果涉及 NFT 和大多数艺术品的创作，通常来说，对某个公司的商标进行评论、批评和模仿是可以的。只是买家或你的 NFT 粉丝，可能不认可你的 NFT 及其内容，认为该 NFT 是商标所有人创造的。在 NFT 领域，你可以评论、批评和模仿别人的商标，但不应该使用该商标，或者使用商标时要小心。你批评或模仿商标一定只针对商标，而不是无关的组织或问题。

另外，在 NFT 市场使用商标名称或标语作为你的 NFT 名称、用户名或收藏集名称的一部分时要注意。一位艺术家用财富 100 强公司的标志合集创建了一个 NFT（见图 9.2）。这个 NFT 看起来是对社会的评论，观众不会相信这个作品是由财富 100 强公司创造或经官方认可的。但由于"使用"商标的标准比较模糊，因此建议在使用前咨询律师。

图 9.2　"®" NFT

公开权

公开权是指公民对自己身份和角色拥有，进行商业利用的权力，这包括公民的姓名、形象、肖像、声音和其他独特的标识。例如，未经凯文·哈特（Kevin Hart）的许可，你不能出售印有他肖像的 T 恤衫。但是，如果某个电视广告的主角是一个戴着金色假发、穿着长袍、戴着珠宝，在类似于《幸运之轮》（*Wheel of Fortune*）电影中转动字母的机器人，那该如何应对？1993 年，美国联邦第九巡回上诉法院（比美国最高法院低一级）认定上述广告侵犯了凡娜·怀特（Vanna White）的公开权，尽管该广告没有包含她的姓名、形象、肖像或声音。

这给我们带来什么启示呢？通常来说，未经他人许可，不能在 NFT 中使用他人的图像或视频……但这并不是那么绝对，前面的例子是将名人的身份用于商业目的。艺术家和 NFT 创作者拥有《美国宪法第一修正案》规定的言论自由权，这与个人的公开权相冲突，形成一个灰色地带。你到底是在创造艺术，还是为商业目的使用他人的肖像？例如，你想制作某个知名形象的 NFT，如史努比（Snoop），当你不打算出售 NFT，或以其他方式将其用于商业目的时，没有取得史努比的许可是可以的。但是，如果你想出售它，就很可能被认定是"用于商业目的"，就需要史努比的许可。你如果制作了 100 个史努比的 NFT，就会被认为是"用于商业目的"，更需要史努比的许可。

但是，如何才能判定是否侵犯了他人的公开权？

转换性使用

艺术家加里·萨德鲁普（Gary Saderup）创作了《三个臭皮匠》炭笔画，之后他出售了带有该画的石版画和 T 恤衫。一个名为 Comedy III Productions 的公司拥有《三个臭皮匠》的公开权，于是对加里及其公司进行了起诉，罪名为侵犯《三个臭皮匠》的公开权。此案一直上诉到加利福尼亚州最高法院。

法院采用了转换性使用，问道："含有名人肖像的产品是否被转换，以至于它主要成为被告自己的艺术表达，而不是名人的肖像。"法院还表示，"另一种陈述调查的方式是，名人的肖像是不是合成原创作品的'原材料'之一，或者对名人的描绘或模仿是不是有关作品的总和与实质"。也就是说，从本质上讲，这幅画是更像一件艺术品，还是更像对《三个臭皮匠》的模仿？虽然这幅画是对《三个臭皮匠》的艺术化呈现，但法院认为它的改造性还不够强。换句话说，人们购买这些衬衫主要是因为它们上面有《三个臭皮匠》，而不是因为它们是艺术品。

因此，在制作含有名人（及任何人）肖像的 NFT 时，应努力使它成为一件艺术品，而不仅仅是对名人的模仿。回到史努比的例子上，OpenSea 上有很多 NFT 包含它的肖像。例如，有一个名为"史努比狗狗 #2"（Snoop Dogg #2）的作品，其主要图片如图

9.3 所示，该 NFT 的创作者是 Scrazyone1，显然除了名字有"史努比"，其实与史努比毫无关系。

图 9.3　史努比狗狗 #2 的主图

这个以史努比狗狗为主题的 NFT 是否符合转换性使用的要求？我们不会知道，除非史努比起诉并上法庭。但就多数情况而言，史努比（或任何其他名人）大概率不会提起诉讼，除非你真的用其肖像赚了大钱。更有可能的是，你会收到一封停止运营的律师警告函。但是，本章并不代表任何法律建议，如果你打算在 NFT 中使用某人的肖像，建议向专业律师咨询。

经过许可的公开权

想要使用某个知名人士的姓名和肖像，可以先申请其公开权，获得许可之后，再来制作该知名人士的官方授权 NFT。许可证也算合同的一种，权利所有者（许可人）授予使用者（被许可人）

有限的权利使用该名人的姓名和肖像（以及其他独特的标识）。

许可证的要点主要包括以下内容。

- 财产：名人（也可以是一个电影或漫画人物）。
- 经过许可的标的：如姓名、肖像、声音、商标，等等。
- 物品：要制造或创造和销售的物品，我们这里指的主要是 NFT。
- 区域：许可所限定的地理区域，NFT 销售范围是全世界，因此它的区域是世界范围内。
- 期限：许可有效的时间。
- 独占性：许可人是否可以在许可期限内，将权利许可给该地区的其他人。
- 版税：许可人获得的销售额的百分比。
- 预付款：支付给许可人的预付款项（如果有）。
- 保证金：被许可人欠许可人的最低版税金额（如果有），无论是否有足够的销售额来支付。

正如你推测的那样，这种性质的许可可能相当复杂。因此，如果你走这条路，我们强烈建议你向律师咨询。

死后公开权

可以使用已过世的人的姓名和肖像吗？这种就要视情况而定

了，尽管美国的版权法属于联邦法律，但公开权是由各州自己决定的。因此，在美国的一些州，逝者（或者说，逝者及其遗产）没有任何公开权。而在另一些州，逝者拥有公开权，逝者的遗产也可以行使这些权利。决定因素在于，去世的时候，这个人的住所具体在哪个州，如果在一个没有约定死后公开权的州，一般就可以使用这个人的名字和肖像。1962年，知名影星玛丽莲·梦露死亡，她在纽约州和加利福尼亚州都有住所，尽管作为演员，她主要在加利福尼亚州生活和工作，在加利福尼亚州也有住所。但是，她的遗产管理人声称她的住所在纽约州，当时这样做是为了节省遗产税，因为加利福尼亚州的遗产税要高得多。看起来，这似乎是个不错的主意，但真的是这样吗？时光一晃，50年过去了，玛丽莲·梦露的遗产管理人起诉了出售玛丽莲·梦露照片的所有图片库，声称这侵犯了她的死后公开权。而死后公开权是受加利福尼亚州法律保护的，其中一个案件被提交到美国联邦第九巡回上诉法院，法院裁定，由于几十年前处理玛丽莲·梦露的遗产时就认定她死亡时的住所在纽约州，那么应该适用纽约州的法律。对玛丽莲·梦露遗产管理人来说，纽约州（直到2020年）没有规定死后公开权，因此被告可以自由使用玛丽莲·梦露的肖像。2012年的这起案件以来，很多人都在各种类型的产品上自由使用玛丽莲·梦露的肖像。例如，图9.4中的玛丽莲·梦露表情应用程序。因此，当初看似不错的去世后节税的决定（遗产处理地为纽约州），结果对后续遗产处理却是灾难性的。2012年，据《福布斯》估计，玛丽莲·梦露的遗产每年能从公开权中获得的版税为

2 700 万美元，她在排行榜上排在迈克尔·杰克逊和猫王（Elvis Presley）之后。

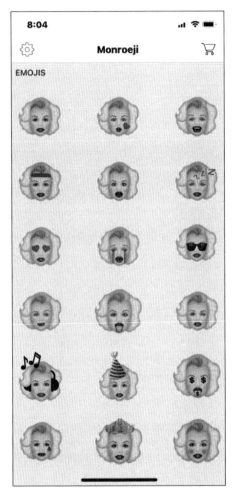

图 9.4　玛丽莲·梦露表情应用程序

这里得到的教训是，想要使用某位逝者的姓名或肖像，要弄清楚他们去世时的住所在哪里，以及该州的法律是否规定了死后公开权。注意，有些州还没有正式解决这个问题。这里建议向律师咨询，哪怕你能够使用某位逝者的姓名和肖像，还是要谨慎使用，因为某些特定的图像（艺术或照片）或视频很可能受到版权保护，见前文关于版权的解释部分。

新闻价值

公开权有一个需要注意的地方是新闻价值。《美国宪法第一修正案》对具备新闻价值的人或事件的报道进行了保护。因此，法院通常认为，在新闻、文学作品、电影或其他涉及新闻价值的娱乐故事中，使用某人的姓名或肖像并不侵犯此人的公开权。但是，对 NFT 来说，这一注意事项通常不适用，因为 NFT 一般不会被视作报道新闻的媒介。

隐私权

通常，人们将"公开权"和"隐私权"混为一谈，但这是不准确的，因为这两种权利是不尽相同的，隐私权包括某人的以下权利。

- 个人隐私信息不被公开。
- 任何组织或者个人不得以刺探、侵扰、泄露、公开等方式侵害他人的隐私权。

- 免受任何机构对公民个人生活的无端干涉。

对于NFT（以及各类艺术品），主要关注的是第一个方面，即个人隐私信息不被公开。

个人隐私信息包括某人的个人生活中不为人知的细节。因此，如果你知晓某人的个人隐私信息，千万不要把它放到NFT中，对于这一条，我们通常会遵循这句话——如果心存疑虑，就不要做。

公众人物

关于隐私权，值得注意的是公众人物（名人、职业运动员、政治家等）。在美国，由于言论自由以及公众有权知道公众关注的事项等理念存在（进一步拓展，就是公众人物所做的一切，均属于公众关注的事项），公众人物的隐私权就被大大削弱了，有点类似上一部分的讨论，关于新闻价值的注意事项。因此，就隐私权而言，如果你要发行的NFT内容与公众人物相关，顾虑相对没有那么多。然而，请注意，此处说的是公众人物的隐私权，而不是他们的公开权，正如上一部分所述，必须充分尊重或者取得公众人物的公开权许可。

合同

当NFT卖家在NFT中提供福利或者包括可解锁内容时，与合同相关的法律就会发挥作用。合同是指两方或多方之间具有约束力的协议，要创建一个合同，必须有以下 3 个要素。

- 要约。

- 接受要约。

- 对价，即各方提供或承诺的东西（一方为换取另一方做某事的承诺而向另一方支付的金钱代价或得到该种承诺的代价）。

这里以非现金方式出售 NFT 的交易为例。一个例子是，你在市场上架一个 NFT，价格为 1 ETH，这是一个要约。你提供 NFT 的销售，然后有人想买 NFT，通过接受 1 ETH 的报价来实现这一目的，通过市场，双方都提供了对价。你提供 NFT，而买家提供 1 ETH 作为交换。另一个例子是，你在市场上架一个 NFT，有人为它提供 1 ETH。你接受了这个报价，然后进行了交换，这两个例子都是比较简明直接的。

福利

如果你的 NFT 中包含额外的福利，这些福利将成为对价的一部分。无论是买家出价，还是接受所标注的价格，部分都是源于这些福利，而卖家基于合同和义务，需要按规定（在 NFT 的官方描述中）交付这些福利。此外，NFT 福利应以合理、及时的方式交付或提供，具体说明福利是非常重要的，这样，消费者就不会对发行方需要交付的东西产生误解，在 NFT 的说明中加入详细的条款和条件可能会有所助益。

罗布·格隆考斯基的 NFT 官方网站（GronkNFT.com）提到了"关于罗布·格隆考斯基冠军系列 NFT 拍卖会上拍得 NFT 的服务条款和条件"，其中涵盖了几个方面，包括用专业的法律术语描述争端解决方式。这些条款声明如下：

> 这些服务条款和条件构成您（在此也称为"用户"）和 Medium Rare Mgmt 有限责任公司之间具有法律约束力的协议，以管理您在罗布·格隆考斯基冠军系列 NFT 拍卖会上拍得的 NFT。

格隆考斯基（或发行公司 Medium Rare Mgmt）的律师忽略了一个问题，即这些条款在其发行的 NFT 或收藏品的说明中并没有被清晰地提及。那么，用户怎么能受制于他们并没有被告知的条款呢？

如果存在关于购买 NFT 的争议，我们建议向 NFT 交易市场（也就是你购买 NFT 的地方）寻求支持，尽管这些市场可能也做不了什么。所以，当涉及额外的福利时，买家更要谨慎购买 NFT。

NFT 内容

正如本书在第 3 章所讨论的，NFT 的主要内容和可解锁内容，并没有存储在区块链上。因此，NFT 的内容存储部分很可能没有被持续维护，这就会导致内容丢失，更会导致 NFT 的价值完全丧失。这一点，对于含有可解锁内容的 NFT 来说是最重要的，因为这些内容更有可能被存储在个人服务器上，或通过创作者的个人账户，存储在云存储服务上。

问题来了，NFT 的创作者是否有合同义务永久维护 NFT 的内容？要知道，永久是个很长的时间，而 NFT 的主要吸引力之一恰巧就在于它的永久性，由于 NFT 属于区块链资产，大家通常会认为它们的存在将是永久性的，这也导致人们期望 NFT 保持永久性，而这种期望似乎也涵盖 NFT 的所有方面，包括它的主要内容和可解锁内容。

因此，看起来似乎 NFT 的创作者有义务永久维护 NFT 的内容，然而，在美国的一些州和其他司法管辖区，作为公共政策问题，永久合同是不可执行的，或者是可终止的。看看法院到底如何裁决这些案例，将是值得期待的事情。

税务

NFT 也会涉及税务问题。本部分探讨了适用于 NFT 不同领域的税务问题，不过仍是关于潜在税务问题的概述，不应视为税务或法律建议，就具体税务问题，我们建议咨询会计师或律师。

销售税

在美国，通常销售税由销售发生地的各州（有时是地方）政府负责，主要适用于商品和服务的销售。对于 NFT 的销售，首要问题是，销售到底是在哪里发生的？应该适用于哪个州（或其他管辖区）的销售税标准？如果货物被运出州外，通常销售税就不适用了，要在买家所在的州征收使用税。

美国有些州并不会对数字物品征收销售税。那么 NFT 是数字物品吗？显然是的。不过，美国部分州将数字物品定义为下载的物品。由于 NFT 不是下载的（它们保留在区块链上），因此，NFT 在这些州可能就不属于数字物品。

那么，如果销售税不适用于数字物品，但 NFT 包含属于实体物品或服务的福利，怎么办？在这种情况下，这些福利的价值应被征收销售税。但福利的价值该如何确定呢？

就像 2017 年起，亚马逊开始在全美范围内代收销售税一样，如果某天 NFT 交易平台开始对每个 NFT 销售代收销售税，也并不奇怪。

所得税

发行和销售 NFT 需要为销售取得的收入缴税。当然，应该能够扣除创建、铸造、上市和推广 NFT 方面所发生的费用。从这个角度来说，组建一个公司，通过公司进行 NFT 销售可能是更好的选择，这里还是建议向专业会计师咨询。成立公司还有其他潜在的好处，如有限责任公司只需要承担有限责任。

资本利得税

通常出售某项资产，都需要为获取的收益缴税，缴税部分为你为该资产支付的价格和你出售该资产的价格之间的差额。与所得税一样，资本利得税也分联邦和州两个层面来缴纳。

看起来 NFT 也要缴纳资本利得税。例如，如果以 1 ETH 买入 NFT，以 3 ETH 卖出，将获得 2 ETH 的收益。然而，美国国税局关注的是美元的价值，而不是 ETH 的价值。因此，NFT 的价值收益将是你出售 NFT 时的美元价值（3 ETH 对应的美元价值）减去购买 NFT 时的美元价值（1 ETH 对应的美元价值），这部分也需要咨询专业会计师。

请注意，在出售资产时才需要缴纳资本利得税，因为只有出售资产，才会"实现"资本利得。在资产出售之前，任何价值上的收益都被视为"未实现的"。

长期和短期

在美国，如果出售持有不到一年的非正规金融工具，就会被视为短期资本利得，需要缴纳的税额将基于联邦和州税的正常所得税率。如果出售持有至少一年的非正规金融工具，就会被视为长期资本利得，需要缴纳的税将基于资本利得税率，这通常比正常所得税率更有利。虽然目前股票和类似投资的税率从 0% 到 20% 不等，但 NFT 可能会被视为收藏品，目前的资本利得税率为 28%。然而，有人可能会认为，某些类型的 NFT，如数字房地产和域名，不属于收藏品。请注意，美国大多数州都不区分长期和短期资本利得，这些资本利得将按你的正常所得税率征税，只是一些州确实为长期资本利得提供了优惠的税收待遇。

买入 NFT 时

如果用加密货币购买 NFT，可能需要在购买 NFT 时缴纳资本利得税。例如，你前段时间花了 1 800 美元换入 1 ETH，后来在 1 ETH 的价值为 3 800 美元时，用 1 ETH 购买了一个 NFT，你可能要为价值增加了 2 000 美元的 ETH 支付资本利得税。这是因为，你用 ETH 购买 NFT 时实现了 ETH 的收益。如果在换入 ETH 超过一年后才购买 NFT，就会适用长期资本利得税率。

如果现在购买的 NFT 的成本是 3 800 美元，倘若后来以 5 000 美元的价值出售 NFT，将会有 1 200 美元的已实现收益，就需要缴纳资本利得税。总之，在购买和出售 NFT 时要记住税务这块，因为大家都不想以后从美国税务局或某个地方的税务机关那里获得任何不好的消息。当然，大家也可以就税务问题咨询专业会计师或律师。

第10章

NFT的未来

NFT 有着光明的未来，甚至有希望主导未来的艺术市场，不仅是因为目前数字艺术品的价值被严重低估，更重要的是，NFT 搭建了一架通向数字经济的桥梁，这架桥梁会在现今以及未来触及所有人。

简单地将 NFT 视作投机性艺术资产是狭隘的，这种认识会错失 NFT 很多的新用途。NBA 季票和稀有的奔驰车等都有可能被 NFT 化。特别地，我们应该重点关注 NFT 未来的 3 个不同应用领域。

- 元宇宙。
- 非银行可接纳资产（Non-bankable Asset）。
- 数字钱包。

本章将详细探讨各个领域，向大家展示未来 NFT 在这些价值数十亿美元领域中的用途。

元宇宙

随着互联网的发展，人们可以随心所欲地进行分享和交流，完全不会受到时间和空间的限制。人们通过互联网寻找真爱，坚信数字化可以提供关于食物和住房的最佳建议。人们把最为珍贵的照片和记忆上传到数字平台，使其永久保存。互联网已成为一个能涵盖我们所想象的一切，一个真正广阔的、共享的虚拟空间。无论是了解信息，还是发布有趣的微博、制作吸引人的内容等，互联网中的人们，在虚拟空间中彼此依赖。但是，今天的互联网，并不是互联网的最佳版本，它和其他事物一样，需要迭代和发展。

那么，互联网发展的下一步将会怎么样呢？

互联网的下一个演进就是元宇宙，元宇宙是共享互联网的发展巅峰，象征着 AR 和 VR 技术的无限可能性。如今的互联网在网络信息、服务和体验上做了大量的基础工作，然而，确实存在更有效的方式，用于信息的传递和发掘，并与互联网进行交互。

元宇宙的类型

最常见的元宇宙例子，是电影《头号玩家》中的"绿洲"。绿洲是一个可通过 VR 眼镜访问的虚拟在线世界。孩子们可以在绿洲上学，企业家能够在绿洲建立企业，人们所有的生活、工作都可以在绿洲进行。

实际上，我们可能几十年都达不到绿洲中的元宇宙水平。像《第二人生》（*Second Life*）这样的网络游戏，正在朝着类似方向发展，用户可以在游戏中举办音乐会，与朋友联系，并创造收入来源。不过，为元宇宙提供一站式服务的想法并没有那么容易实现。

元宇宙正在由不同的模块拼接着。

电子游戏元宇宙

游戏中的系统是目前最接近现实世界和生活的。游戏拥有自己的经济系统，甚至可以与具备经济体并且蓬勃发展的虚拟世界相媲美。目前有很多游戏都可以让玩家在虚拟世界中畅游，并以竞争和独立原创的方式进行自我表达。

游戏 *NBA 2K21*[①] 的玩家可以随心与其他玩家互动，也可以自由探索城市——一个拥有室外球场、赌场、训练馆、公园等的虚拟世界。这个虚拟世界很大，游戏中的虚拟人物走路横跨城市需要 45 分钟。

《堡垒之夜》这个游戏之所以引人注目，不仅是因为全球有超过 3.5 亿玩家，更重要的是在游戏中可以构建其他场景，发展新产业。特拉维斯·斯科特（Travis Scott）和棉花糖（Marshmello）

---

① 日本 SEGA 公司开发的一款以 NBA 为主题的体育类游戏。——译者注

都在游戏中举办了虚拟音乐会。知名手机商三星，为《堡垒之夜》制作了一款用于推广三星 Galaxy Note 9 的皮肤［路易威登（Louis Vuitton）也为知名游戏《英雄联盟》设计了一款皮肤］。

目前已经有大量以电子游戏形式构建的元宇宙，包括《英雄联盟》《我的世界》《侠盗猎车手 Online》《荒野大镖客 Online》，而且这个名单上的知名游戏还在不断增加。许多电子游戏元宇宙甚至有自己的货币系统，可以用于交易不同的游戏虚拟物品和装备。

电子游戏在构建元宇宙上走在了行业前列。不过，玩家的行动限制在游戏范围内，玩家可以在虚拟场景中有很大的自由度，从而进行遨游和自我表达。

流媒体（直播平台）元宇宙

除了虚拟世界的设定，另一个同样重要的元宇宙要素是社区。人们能否同时参与到这个虚拟空间中？

除了超级碗和格莱美奖等知名颁奖典礼，Twitch、优兔、Clubhouse 和 Discord 上的网红博主和团体，十分擅长吸引粉丝收看直播。例如，Kitboga 在 Twitch 上向几十万观众直播如何恶搞诈骗电话。数以千计的人在 Clubhouse 上收看互动约会节目"NYU Girls Roasting Tech Guys"。这些都属于元宇宙！流媒体充分展示了人们可以在网络世界围绕共同兴趣，自愿共度时光的可能性。

有时，网红可以通过挖掘共同的兴趣，鼓励社区集体参与活动；有时，大家收看直播是为了给网红捧场。需要意识到，同步体验是元宇宙的基本组成部分。

不过，流媒体直播缺少视频游戏和 VR 的沉浸式组件。但是，直播网红距离建立沉浸式元宇宙只差一个 VR 应用。从这个角度来说，这已经为未来的沉浸式元宇宙奠定了良好的基础。

VR 元宇宙

谈到元宇宙，就必须谈到 VR。围绕着新的元宇宙社交体验，许多 VR 应用如雨后春笋般涌现出来。例如，通过 AltspaceVR，用户可以在演出现场、聚会和课堂这样的场景闲逛。而 OrbusVR 则提供独特的社交 VR 体验，人们可以探索属于 Patraeyl 的虚拟世界，提升角色等级（作为一个吟游诗人、法师、圣骑士、巫师、恶棍等），还可以与其他玩家进行社交联系。

但就目前而言，大多数 VR 元宇宙规模尚且不够，用户数量不够且无法长期同时参与其中，原因在于，与手机、笔记本电脑不同，VR 头盔还没有无处不在地深入人们的生活。

如大家所见，今天的我们已经拥有元宇宙的各个模块，但将它们整合是一个巨大挑战。因此，元宇宙目前将会以孤岛的形式存在。但这并不意味着其中每部分都没有继续增长的可能性，这些模块仍会为参与者提供广泛的机会。

元宇宙中的 NFT

人们在某个环境中花费时间越长，就越有可能在那里消费。

在芝加哥地区，许多人对 10 美元的美乐啤酒（Miller Lite）嗤之以鼻，但当人们观看芝加哥小熊队（Chicago Cubs）比赛时，通常都会买上一瓶。当处于某个特定环境中——尤其是电子游戏，这种感觉会更加真实。

正如本书第 2 章中提到的，市场对游戏内虚拟物品（装备）的需求非常大。有数据显示，2020 年，玩家在游戏中的数字资产上共花费了 3 800 亿美元，包括头像、虚拟人物皮肤、武器，以及额外生命值等。游戏本身就内置一个蓬勃发展的经济系统。把这些游戏中的物品和 NFT 结合是有原因的，这样就可以让游戏中的消费者通过这种方式转售使用过的稀有虚拟物品。

前文提到的《堡垒之夜》中的 Galaxy 皮肤，于 2018 年 8 月发布，持续了两周。之后再没有发布新的皮肤，如果玩家在游戏中拥有一个 Galaxy 皮肤，影响力（社会信誉）会立即飙升。尽管 Galaxy 皮肤属于稀有物品，但应用它的场景很少。如果未来出现《堡垒之夜》交易市场，Galaxy 皮肤的所有者可以转售稀有皮肤，而 NFT 可以确保该皮肤是真实合规的。那么，游戏皮肤在二级市场价值几何？10 美元，10 000 美元，还是更高？

人们之所以会选择在可以共享的元宇宙中活动，是有原因的——大家确实存在共同的兴趣或目标。游戏社区的参与者也有等级之分，玩家虚拟角色的装备，会影响玩家在游戏中的等级，这也是人们会花钱购买游戏皮肤等虚拟物品的原因。未来，游戏玩家将自然而然地对自己的物品具有所有权，还可以与其他玩家一起收藏、购买和出售这些虚拟物品。

美国知名球鞋展会 SneakerCon 就是一个典型案例。运动鞋收藏品市场是过去十年中，比较出名也相对成熟的收藏品市场之一。SneakerCon 旨在让成千上万的球鞋爱好者可以来展会展示自己收藏的运动鞋。有人摆摊出售自己收藏的运动鞋，有人在展会搜寻自己想买的运动鞋，也有人设置摊位出售球鞋清洁套件、球鞋艺术品和其他与球鞋相关的业务。不过无论是谁，如果没有穿着最时髦的球鞋来参会，那大家就不会留意你。SneakerCon 相当于鞋迷的虚拟世界，全世界不同地方的参会者都会去 SneakerCon 结识志趣相投的伙伴，谋求赚钱，建立影响力。

NFT 适合元宇宙的另一个原因是，很多人开始积累数字资产，这就意味人们希望能够炫耀自己的收藏。例如，MetaKoven 以约 6 900 万美元的价格购买了 Beeple 的"每一天"系列，正在将 NFT 塑造为数字艺术画廊，可以在像 *Decentraland* 等元宇宙中观赏。

正如前几章所讨论的，人们会出于各种原因进行收藏。但所有收藏家都有一个共同点：想要展示自己的收藏品。数字藏品应该在各类数字环境中进行展示，包括虚拟艺术画廊、电子游戏、用户的虚拟地下聚会场所，以及其他类别的虚拟空间。通过元宇宙，大家可以展示 NFT。

那么，NFT 在元宇宙中的用处是什么呢？

尽管现在购入 Meebit NFT 会带来一定影响力，但 NFT 还有很长的路要走，因为目前 NFT 的用途尚不明确。不过，Meebit 不仅仅是可爱的数字藏品。如第 6 章所提到的，Meebit 带有一个 OBJ 文件，因此用户可以在任何 3D 环境中使用 Meebit。

将开源元素加入热门游戏的未来已近在咫尺，用户可以上传自己的 3D 建模项目。设想一下，*NBA 2K* 游戏玩家将自己的 Meebit 上传到游戏中，并将它们作为球员。

《沙盒游戏》（以及同类产品 *Decentraland*、*Somnium Space* 和 *Axie Infinity*），是 NFT 与元宇宙的生动结合。《沙盒游戏》是基于以太坊的虚拟世界，玩家可以在其中进行探索、互动和玩游戏，参加各种活动。《沙盒游戏》中的 LAND 地块，可以作为 NFT 在各个交易平台买卖。拥有 LAND 地块后，玩家可以随心所欲地进行开发，可开发的类型包括房子、市场、应用程序等。玩家还可以租赁土地，这就是 WhaleShark（《沙盒游戏》中最大的土地所有者之一）计划做的事情，WhaleShark 将土地出租给艺术家和设计师，为游戏中的其他玩家创造更多价值。

《沙盒游戏》的模式与《我的世界》很相似。但是，《沙盒游戏》的不同之处在于，它的游戏货币 $SAND 可以在加密货币交易所进行交易，并且用户可以将游戏中的物品作为 NFT 持有。尽管《沙盒游戏》并没有像《英雄联盟》或《堡垒之夜》等战斗类游戏那样多的用户基数，但令人沉浸其中的《沙盒游戏》开创了元宇宙的游戏经济系统。

过去十年，由于智能手机的出现，人类的行为发生了翻天覆地的变化。大部分人每天花在手机上的时间有 5～6 个小时。如果将人们花在笔记本电脑、智能电视或流媒体服务上的时间加总，就会发现大多数时间我们都生活在网上。

互联网与人类生活息息相关，未来会逐渐发展为元宇宙。现在我们花费时间和精力构建的互联网空间，将在未来照进现实。而随着元宇宙的诞生，我们会以 NFT 的形式对元宇宙内的物品具有所有权。

未来 5～10 年，倘若看到电竞冠军拍卖自己的游戏装备 NFT，我们一点也不会觉得奇怪，这就像今天球星拍卖穿过的球衣和比赛用球一样。

非银行可接纳资产

什么是非银行可接纳资产？稀有收藏品（艺术品、古董、老爷车、珠宝等）、房地产和知识产权（版权、专利和商标）等资产，都属于非银行可接纳资产。这些资产缺乏流动性（没有现成的买方和卖方市场），通常需要高额的投资资金，购买或出售此类资产往往还需要中介机构。

未来的 10～20 年，NFT 很可能主要用于实体物品和知识产权的代币化，由 NFT 的智能合约来确认实体物品和知识产权的部分所有权，提升潜在买家数量，为传统的非银行可接纳资产创造流动性。

正如 Uniswap 这类具备为小市值加密货币服务的功能，NFT 也可以赋能非银行可接纳资产。不同于传统的中心化交易所，Uniswap 是领先的去中心化加密货币交易所之一。

在像 Coinbase Pro 或 Binance 这样的中心化交易所，流程是这样的：卖家会发布一个价格（以比特币或以太币计），代表愿意以这个价格出售某种加密货币，这就是要价。同样地，买家可以发布一个购买该加密货币的意愿价格，这就是买入价格。当买入价格和要价匹配时，一种加密货币就可以与另一种加密货币进行兑换。

而在像 Uniswap 这样的去中心化交易所中，交易是从代币池抽取而发生的。例如，如果你想购买 AMP 代币，你可以把以太币发送到 Uniswap 的以太币代币池，然后从 Uniswap 的 AMP 代币池中收到 AMP。流动性池（liquidity pool）是由在 Uniswap 上将其代币质押的用户提供的。质押就像借贷，通过 Uniswap，用户使用质押后的代币进行交易，这些汇集的资源创造了一个新的市场。

作为回报，质押代币的用户可以从 Uniswap 收取一定比例的手续费，可以为代币所有者提供收入流，特别是那些本来就计划长期持有代币的用户。Uniswap 协议可以无缝处理这些复杂的问题，为不同规模的代币创造了流动性，其中许多是不在中心化交易所中交易的（因为中心化交易所通常只会关注大市值加密货币）。

上述为加密货币创造流动性的理念，同样可以应用于全球 78 万亿美元的非银行可接纳资产（埃森哲的数据），其中绝大部分资产都高度缺乏流动性。例如，价值 450 万美元的 1955 年奔驰 300SL 鸥翼或昂贵的葡萄酒珍品，并没有多少买家，这些都属于非流动性资产。

可以通过将这些较高价格的非银行可接纳资产代币化，使所有权分开，从而为这些资产创造流动性。如何理解？以价值450万美元的1955年奔驰300SL鸥翼为例，可能为上百万人愿意拥有这辆稀有汽车，但在这几百万人中有多少人能够买得起？也许寥寥无几。但是，如果创造100万个NFT，每个NFT可以代表那辆奔驰车的1/100万，其初始价格为4.5美元，也就是说任何拥有4.5美元的人，都可以拥有那辆车的一部分。这就像100万个熟悉的朋友众筹去买一件好东西，忽然之间，一个不具备流动性的资产就有了流动性。

实物资产代币化模式，可以协助我们打开更大的市场，让更多人可以参与购买原本买不起的物品。很可能在奔驰车NFT发行当天，100万个代币会瞬间售罄，也可能会有人一下子买50万个代币，囤积起来。随着对奔驰车NFT需求的上升（希望从奔驰车NFT价值上涨中分一杯羹），该NFT的价格也会随之上升。可能一周后奔驰车价值为500万美元，而一年之后，就会涨到1 000万美元（听起来有点像股票市场）。

对于汽车和房地产这种可以被代币化的资产，它们产生的收入流也可以被代币化。假设21世纪福克斯（21ˢᵗ Century Fox）公司正在制作一部动作大片，希望出现这样一个画面：影星开着1955年奔驰300SL鸥翼驶向夕阳。那么，租用奔驰车的费用为每天10万美元，分摊到100万个代币上，用户持有的每一个代币都能获得0.1美元（或者当天投资可以立即获得2%的回报），这种额外收入来源模式对房地产领域特别有吸引力。

据埃森哲报道，非银行可接纳资产的问题主要在于：

从历史上看，人们很难在传统市场之外发掘非银行可接纳资产的内在价值，这限制了它们作为抵押品的作用。缺乏连贯的记录、信任度和定价透明度，还有高交易成本和低流动性，都削弱了金融公司将其纳入投资组合资产的兴趣。

将非银行可接纳资产做成 NFT，为高净值人群提供了一个巨大的机会，因为这些他们难以用作抵押或出售的资产拥有了流动性。

为什么人们会购买非银行可接纳资产 NFT？根据 Obrium 的研究：

在过去 15 年里，激情投资①的价值增长表现一直优于全球股票市场，在同期摩根士丹利全球指数（MSCI World Index）增长了 65%。

遗憾的是，除非出售资产，不然就实现不了这一收益。通过为资产创造分散的所有权，就可以创造流动性。更多的人可以购买和出售该资产的一部分，如果该资产表现良好，价值就会上升。而且，由于存在与资产相关的 NFT 流动市场，车主不再需要找到一个愿意接受 450 万美元价格的奔驰车买家。车主实际上找到了100 万个买家，他们将共同为这辆车支付 500 万美元（或更多）。

当把非银行可接纳资产代币化时，所有者无须放弃对它的所

① 指对于极其稀有和珍贵的艺术品、名表、名车、珠宝等的投资。

有权。假设马克·库班想分拆达拉斯独行侠队的所有权，他可以创造 10 000 个 NFT，这样就可以给球队的价值创造流动性。

潜在障碍

在非银行可接纳资产代币化的道路上，可能会有一个减速带。正如本书第 9 章中提到的，资产代币化的 NFT 在美国证券交易委员会的规定中可能被视作证券，因为它类似于投资行为。像 NFT drops 这样的项目，可能需要在美国证券交易委员会注册，这就需要时间，还有法律费用等。或者，NFT 投放有可能在例外情况下进行，如 D 条例或 A 条例。理想的情况是，这些程序在未来将被简化。

证券只能在向美国证券交易委员会注册的证券交易所进行交易。因此，目前的 NFT 市场可能需要向美国证券交易委员会注册，才能交易此类 NFT，或者注册新的市场。

房地产 NFT 带来了一系列问题。一般来说，房产合同是在当地州县级官员办公室记录的。除非在成交时支付州和地方的转让税和费用，否则房产合同不能被转让。一个可行的技术解决方案是，将房地产 NFT 保存在多签名的钱包中，即各方必须都签名才能批准转让。地方管理机构可以成为任何房地产 NFT 转让的额外必要签署人。

尽管通向资产支持的 NFT 的道路不会一帆风顺，但我们保持乐观，时间会逐渐扫平障碍。

数字钱包

人们的数字钱包地址将会成为新时代营销人员眼中的用户地址和电话号码，成为支付时的银行信息，成为企业家的发票软件等。这意味着，数字钱包地址会成为 2021 年以后能够获取的最有价值的信息之一。原因在于，数字钱包在许多不同层面会直接与用户产生联系，只是目前大多数人并没有意识到这一点。

愉悦的礼物

如果我们想与马克·库班联系，诉说我们的商业理念，可以在推特上向他发信息，以期他能看到。我们也可以在晒不得（Cyber Dust）上找到他，并试图引起他的注意。我们还可以通过与他的同事进行无数次的交谈，再一步步接近他。或者，我们可以向他的数字钱包直接发送一份贴心的 NFT。他收到这个一高兴，可能很快就会与我们联系。

知道某个人的数字钱包地址，你就可以找到他的收藏集、银行、做交易的地方。对于精明的营销人员来说，数字地址如同新时代的电话号码、地址、银行信息等。

我们离见证首个完全以 NFT 形式提供的营销活动不远了。

假设塔可贝尔（Taco Bell）正在推出一种新的食品。它可以采取新营销方法，而不是在脸书的广告位或电视广告时段将信息传播出去。它可以设计一幅以新食品为特色的数字作品，将其做成一个 NFT，向 NFT 所有者提供一些优惠，然后将促销 NFT 直接发送到成千上万人的数字钱包。

当然，发送数以千计的"数字广告"所需的交易费，将比向同样数量的人投放脸书广告的费用昂贵得多。但如果执行得当，它在加密货币和 NFT 社区创造的新闻热度，以及主流媒体对这一"荒谬"行为的报道，将远远超过品牌支付的成本。

当然，这个假设只是理论上的。但是，如果把数字钱包看作个人持有资产的代表时，这就并不显得疯狂。数字钱包可以直接连接到个人财务系统和持有的收藏集。

无论你是想与你永远无法通过传统方式取得联系的人建立联系，还是想寻找一种令人耳目一新的方式来取悦某人，数字钱包都是一个好途径。

不过，一旦手续费大幅降低或为零时，就会产生负面影响。正如我们在第 3 章所讨论的，以太坊将转为权益证明，这将大大减少手续费。而 WAX 链和其他权益证明区块链的手续费已经很低了。那么，为什么低手续费是一个缺点呢？答案是垃圾邮件。就像那些不请自来的、令人讨厌的营销邮件堵塞了你的收件箱一样，NFT 的未来可能也会这样。

许多加密货币一直以来都会将其代币空投到数字钱包中，NFT 也不会有什么不同。但它很可能出现垃圾邮件情况。与电子邮箱垃圾邮件拦截器类似，NFT 垃圾邮件拦截器也将会出现。

未来的支付手段

Cash App、Venmo、贝宝、Zelle 这类点对点支付应用，还是比较实用的，通过 QuickBooks 或 FreshBooks 创建发票，开具账单等熟悉的方式是可信的，但这些都是中心化的支付手段。本书第3章讨论了通过区块链这种去中心化系统完成支付的优势。

记住长达42个字符的数字钱包地址，比找到交易双方的支付应用的用户名更难。不过，通过区块链域名，可以简化链接数字钱包的方式。例如，想要给某个数字钱包发送加密货币时，在输入数字钱包地址的地方，可以输入区块链域名 QuHarrison. eth，它将自动解析并填充42个字符的地址。这种区块链域名式 URL，是当前一种新的汇款方式。当我们将点对点数字钱包支付与 NFT 相结合时，实际上就有了一种全新的为企业提供服务并向客户收费的方式。

第6章曾提到，加里·维纳查克的 VeeFriends NFT 为销售咨询和其他服务提供了一种新的手段。公关服务和增长咨询机构也可能会采用同样的模式。

未来机构会使用 NFT 智能合约和数字钱包直接与客户进行交易，而放弃使用银行和昂贵的计费软件。但是这种美好愿景只有在所有人都使用数字钱包的前提下才能实现。不过，这并不是单纯的想象，因为大科技公司已经开始涉足这块业务了。

苹果、谷歌和三星都在智能手机上加载了移动钱包，这里的移动钱包不是指加密钱包，而是信用卡、登机牌、礼品卡等（除了身份证）可以与钱包结合的数字化手段。这一想法的重点在于，智能手机已经取代了很多技术，那么理论上来讲钱包也可以。尽管刚开始用手机支付的时候，很多人难以接受，但随着时代发展，移动支付的应用变得流行。现在机场里有很多人选择把登机牌放在苹果钱包里，而不是打印出机票。移动钱包是通往加密货币和NFT 世界的一座桥梁。

尚未命定的 NFT 未来

NFT 的魅力在于，它的未来充满各种可能性。无人知晓未来NFT 最主要的用途到底是什么。但从本质上来讲，创新领域的冒险家正在用自身的行动书写 NFT 的未来。大家勇于对新事物展开尝试，提出基于 NFT 的先进应用，执行合理的战略，并将 NFT 带到充满想象的未知之地。

未来十年，我们将见证万物皆可成为 NFT。在我们写下这本书时候，时代也正在书写着 NFT 的未来。

让我们一起参与其中。

术语表

NFT（Non-Fungible Token）　非同质化代币，与加密货币的底层技术相同，是由区块链技术进行验证、保证其独特性的凭证。NFT 可以为各种特定的物品提供凭证，这种凭证可以验证特定物品的来源、所有权、唯一性、稀缺程度和持久性。

无聊猿游艇俱乐部（Bored Ape Yacht Club）　NFT 项目，创始团队为 Yuga Labs，其发行了 10 000 个无聊猿 NFT。

豆豆娃（Beanie Babies）　1990 年前后，一种风靡全球的毛绒玩具收藏品，价格一度被炒到很高。

足球妈妈（Soccer Mom）　指 20 世纪 90 年代前后，居住在郊区，亲自开车带孩子参加户外运动的已婚美国中产家庭女性。

Beeple　美国数字艺术家迈克·温克尔曼的昵称，其创作的数字作品"每一天"系列（*Everydays：The First* 5000 *Days*）以近 7 000 万美元的价格成交，刷新了数字艺术品的拍卖纪录。

同质化（Fungible）　同质化是形容词，通常用来形容商品，是指具备这种性质的（商品）是可以替代的，可以进行自由交换的。

铸造（Mint）　拍摄一张照片（或者原创一个图像），将该图像保存为区块链上的代币。这个词只是比喻，仿佛在铸造真实的硬币。

流通供应量（Circulating Supply） 已经铸造的加密货币总数量。

最大供应量（Maximum Supply） 可以铸造的加密货币总数量。注意，最大供应量的属性存在于创建加密货币的原始代码中，无法被篡改。

数字艺术（Digital Art） 一种源于20世纪50年代的新型艺术形式。20世纪八九十年代，计算机开始迅速普及之时，数字艺术就开始逐步发展。艺术家用电脑和智能手机等数字化工具进行创作，以数码格式存在的艺术品逐步流行，而数字艺术的数码属性就是其媒介的属性。

加密朋克（CryptoPunk） 加密朋克由 Larva Labs 于 2017 年 6 月推出，是以像素艺术风格创造的 10 000 个独特的角色 NFT 集合。

位图（也称为栅格图） JPG 和 PNG 都属于这种文件格式，是使用像素阵列来表示的图像。

矢量图 SVG 格式的文件，主要通过数学方程式在各点之间绘制线条和曲线（矢量路径）。这样的图像可以被放大到任何尺寸，而不会损失图像质量。

GIF 图像 GIF 是一种特定类型的文件格式，通常用于制作自动重复（或循环）的简单短视频，这种格式也支持静止图像。

OpenSea 官方网站：Opensea. io，是目前最大、最受欢迎的 NFT 市场。

Meebit 主要使用 3D 角色图像作为 NFT 的主要内容，买家购买

Meebit 后，就可以解锁相关的 3D 文件。Meebit 的创始团队是 Larva Labs。Meebit 包括 20 000 个 AI 生成的角色，每个稀缺度都不同。

助记词 钱包的私钥。任何拥有你的助记词的人，都可以把你的钱包导入他们设备，可以将你的加密货币和 NFT 都转走（偷走）。

加密货币（Cryptocurrency） 一种用密码学原理来确保交易安全及控制交易单位创造的数字、虚拟货币。加密货币是互联网原生的一种数字货币，人们可以出于投资目的买卖加密货币，用加密货币消费，甚至将加密货币进行质押。

质押（Staking） 加密货币持有者用加密货币参与交易和区块链网络验证。参与质押可以得到更多的加密货币回报。

原生币（Coin） 比特币、莱特币、狗狗币和以太币等加密货币都是原生币，有自己专有的区块链。

代币（Token） 有时也译作通证，特指没有自己专有区块链的加密货币。除此之外，代币会利用有原生币的区块链进行发展。例如，GameCredits 的 GAME 币和 SushiToken 的 SUSH 币，以及其他成千上万的代币，都是建立在以太坊的基础上的。ERC20 是创建加密代币的以太坊标准，因此我们把依托以太坊的代币称为 ERC20 代币。

交易卡（Trading Card） 包括球星卡、棒球卡等，一些交易卡以套装形式出现。

Mt. Gox 最早的比特币交易所之一，因被黑客攻击而一败涂地。Mt. Gox 是 "Magic：The Gathering Online eXchange"（神奇的在线

交易平台）的缩写，最初是一个万智牌网站。

《众神解脱》（*Gods Unchained*） 一款卡牌游戏。有点像万智牌和《炉石传说》，只不过在《众神解脱》上赚取或购买游戏卡使用的是以太坊上的 NFT。这些 NFT 可以随意在游戏中使用、交易，可以在 NFT 交易平台出售。

《炉石传说》（*Hearthstone*） 暴雪公司出品的一款卡牌游戏。根据维基百科的数据，截至 2018 年年底，《炉石传说》玩家累计超过 1 亿人。

Decentraland 创立于 2017 年 9 月，是由区块链驱动的元宇宙平台。

《沙盒游戏》（*The Sandbox*） 虚拟空间游戏，游戏中的所有资产和土地都是基于 NFT 的。

杰克·多尔西（Jack Dorsey） 推特创始人之一。

NFT 名称（NFT Name） 与艺术品一样，每件 NFT 都有自己的名称。

NFT 主要内容（NFT Main Content） 指发行 NFT 需要的内容，也可以认为它表示创建 NFT 的特定目的。

NFT 说明（NFT Description） 除了用于描述 NFT，还可以用于表示标记数字，描述可解锁内容，声明版权或商标归属，介绍最高出价者将获得的额外福利（如果有的话）。

NFT 福利（NFT Perk） 有时 NFT 说明中也会包含额外的福利。福利是 NFT 收藏者可以获得的额外物品或经验。

NFT 可预览内容（NFT Preview Content） 如果 NFT 的主要内

容不是图像，而是一段音乐，那么主要内容可以用一段可预览内容表示，可以是图像或 GIF，如专辑封面图或其他能代表该音乐的艺术图片、照片等。

NFT 属性（NFT Trait）　　NFT 可以具备某些属性，特别是对于游戏的虚拟物品 NFT 和数字游戏交易卡 NFT，这一点特别重要。属性指 NFT 代表的不同等级或类别，以及 NFT 提供的力量或优势（主要是游戏中常见的数值），以及 NFT 提供的额外力量加成。

NFT 可解锁内容（NFT Unlockable Content）　　指只有 NFT 所有者才能看到或访问的独家内容。可解锁内容增加了 NFT 的价值，包括 NFT 本身以外的内容，是 NFT 的重要组成部分，引发了大家的好奇心，可以提升 NFT 价值。

星际文件系统（InterPlanetary File System，简写为 IPFS）　　是由世界各地的计算机组成的去中心化的点对点网络，有点类似区块链。通过 IPFS，数据和文件可以被存储在多个地点。

出处证明（Proof of Provenance）　　与物品的来源、原产地有关，提及收藏品时，出处是所有权的记录，可以用作真实性或质量的背书。

历史意义（Historical Significance）　　某件收藏品创作的时间段，或与创作有关的历史故事，会影响收藏品的价格。

数字版权管理（Digital Rights Management，简写为 DRM）　　音乐行业发明的，以降低数字格式（主要是 MP3）的歌曲被任意复制的版权问题。

区块链（Blockchain）　　区块链是一个去中心化网络，不存在中心化管理机构。全球不同地区的各个计算机上有多个（甚至上千个）区块链（所有交易的数据列表）副本。

安迪·沃霍尔（Andy Warhol） 知名艺术家，波普艺术（Pop Art）代表人物之一。

《金宝汤罐头》（*Campbell's Soup Cans*） 安迪·沃霍尔的知名美术作品。

《玛丽莲·梦露双联画》（*Marilyn Diptych*） 安迪·沃霍尔的知名美术作品。

赛博朋克美学（Cyberpunk Aesthetic） 赛博朋克美学的根源可以追溯到 20 世纪 60 年代，有着蓬勃发展的粉丝群体。与早期科技爱好者设想的乌托邦梦想形成鲜明对立，赛博朋克主要着眼于反乌托邦的未来主义背景。

域名币（Namecoin） 是一个早期基于区块链技术的分布式域名系统。

Rarible NFT 收藏和交易平台。用户体验比较友好，浏览操作较为简单。Rarible 将部分社交媒体元素引入网站，如"关注"功能，用户可以关注 NFT 创作者，在已关注的创作者发行新的 NFT 时，可以收到通知。

Nifty Gateway NFT 收藏和交易平台。Nifty Gateway 上的 NFT，被称为"nifties"。这个平台上只售卖成熟且知名的数字艺术家、知名人士以及知名品牌发行的 nifties。Nifty Gateway 的定位是高端市场，有点像一个高端的独家艺术画廊，创作者需要申请并通过一系列审核，才能在 Nifty Gateway 上出售 NFT。

SuperRare NFT 收藏和交易平台。SuperRare 的含义为极度稀缺，

正如其名，SuperRare 只出售限量为 1 个的 NFT。此外，SuperRare
上只出售其他平台买不到的数字艺术 NFT。

Atomic Hub　基于 WAX 链的 NFT 收藏和交易平台。它完全独立
于以太坊，WAX 链没有以太坊那么流行，但与以太坊相比，WAX
链的手续费是最低的。

Foundation　NFT 收藏和交易平台。Foundation 称自己是艺术家、
策展人和收藏家的"游乐场"。任何人都可以在 Foundation 注册，
但如果你想出售你的 NFT，你必须得到其他社区成员的支持。这
种由社区主导的策划使普通用户的 NFT 更难出售，但在一定程度
上保持了艺术品质量。

NBA Top Shot　由知名 NFT 项目以太猫的创始团队 Dapper Labs
创建，NBA Top Shot 是一个非常受欢迎的 NFT 交易平台，用户可
以在平台上购买 NBA 历史时刻的视频 NFT，销售额达数亿美元。

Known Origin　NFT 收藏和交易平台。定位是"由艺术家驱动的
平台"，只出售数字艺术 NFT。艺术家需要向平台申请，才可以在
市场发行和出售 NFT。Known Origin 平台选择入驻艺术家时，会进
行尽职调查以保证质量。

Myth Market　专注于卡牌类 NFT，集成了 5 个不同的 NFT 交易平台。

豪威测试（Howey Test）　1946 年，美国最高法院审理了美国证
券交易委员会起诉豪威公司一案，该案件裁定了涉及土地租赁的
回租协议是否应被视作投资协议。如果被确认为证券，就需要受
到美国证券交易委员会的监管。美国最高法院给出了确定一项投
资是否属于证券的 4 项判断要素，而后被称为豪威测试。

知识产权（Intellectual Property Rights） 是源于创造力的财产，是一种不以实物形式存在的财产。知识产权的范畴包括版权、商标、专利和商业秘密。

版权（Copyright） 从本质上讲，版权包括以复制形式使用作品的权利。根据 Dictionary. com 的解释，版权是指赋予创作者或受让人可以通过合法途径，以出版、复制、录制、展览、摄制、翻译或改编等形式，授权他人使用作品的专属法律权利。一旦作品被固定在有形的媒介上，版权就产生了。

商标（Trademark） 通常是指识别商品（产品）来源的符号、设计、单词或短语（或它们的组合）。

公开权（Right of publicity） 指公民对自己身份和角色拥有，进行商业利用的权利，包括公民的姓名、形象、肖像、声音和其他独特的标识。

元宇宙（The Metaverse） 互联网的下一个演进就是元宇宙，元宇宙是共享互联网的发展顶峰，代表了 AR 和 VR 技术的无限可能性。

非银行可接纳资产（Non-bankable Asset） 稀有收藏品（艺术品、古董、老爷车、珠宝等）、房地产和知识产权（版权、专利和商标）等资产，被认为是非银行可接纳资产。原因是它们缺乏流动性（没有现成的买方和卖方市场），通常需要高额的投资资金，往往还需要中介机构来确认其价值。

Uniswap 与传统的中心化交易所不同，它是去中心化加密货币交易所。在像 Uniswap 这样的去中心化交易所中，交易是从代币池抽取而发生的。

感谢 WorldStar Hip-Hop 的丹尼（Danny），感谢丽莎·维默（Liza Wiemer）、瑞恩·考德里（Ryan Cowdrey）、沃伦·瓦卢萨伊（Wallon Walusayi）、温迪·苏特（Wendy Souter）、乔·马库斯（Joe Marcus）、奈杰尔·怀亚特（Nigel Wyatt）、帕特里克·谢（Patrick Shea）、凯瑟琳·马奥尼（Kathleen Mahoney），感谢 Coinbase 交易所、MetaMask 加密钱包、C3 Entertainment 股份有限公司、CoinMarketCap 交易所，感谢迈克·温克尔曼（Mike Winkelmann）、伊莲·奥汉拉汉（Elaine O'Hanrahan），感谢 Dapper Labs 团队、艺术家 shl0ms、艺术家 Scrazyone1、WhatsGood 应用程序。

感谢所有曾经与我们交流过关于 NFT 的人，感谢大家和我们共同收藏 NFT，针对收藏 NFT 的问题向我们咨询。

所有的这些互动，都协助了这本书付梓。

马特·福特诺、夸里森·特里